500
panes

500
panes

Panes dulces, salados, tradicionales,
exóticos, para el desayuno, la comida o la cena

BLUME

Carol Beckerman

BLUME

Título original *500 Breads*

Edición Donna Gregory, Mark Searle
Dirección de arte Michael Charles
Diseño Jacqui Caulton
Estilismo gastronómico Lucy Heeley
Fotografía Ian Garlick
Traducción Cristóbal Barber Casasnovas
Revisión de la edición en lengua española
Ana María Pérez Martínez
Especialista en temas culinarios
Coordinación de la edición en lengua española
Cristina Rodríguez Fischer

Primera edición en lengua española 2014
Nueva edición 2024

© 2014, 2024 Naturart, S.A. Editado por BLUME
Carrer de les Alberes, 52, 2.º, Vallvidrera
08017 Barcelona
Tel. 93 205 40 00 e-mail: info@blume.net
© 2013 Quintet Publishing Limited, Londres

ISBN: 978-84-10048-77-5
Depósito legal: B. 957-2024
Impreso en China

WWW. BLUME.NET

MIXTO
Papel | Apoyando la
silvicultura responsable
FSC® C016973

contenido

introducción

Uno de los placeres de preparar su propio pan es el olor que desprende, que impregna todos los rincones de la casa. La satisfacción que produce tomar un trozo de pan recién horneado y llevárselo a la boca es incomparable.

La masa de pan es como un buen amigo: es agradable e indulgente, paciente y flexible, tolerante con los principiantes y los errores. Si lee demasiado sobre levaduras y los procesos para hornear el pan, puede abrumarse y ni siquiera intentarlo. La mejor técnica para aprender es ponerse manos a la obra: con un poco de práctica, pronto intuirá cómo reacciona la levadura y cómo evoluciona y crece la masa. Tan complicado no puede ser si la humanidad lleva haciéndolo miles de años.

La satisfacción que le producirá preparar su propio pan bien merece el pequeño esfuerzo necesario para su elaboración. Hoy casi todos los alimentos se producen en fábricas mecanizadas y muy eficientes, por lo que preparar alimentos con levadura y hornearlos en casa se está convirtiendo en una práctica en peligro de extinción. Elaborar el propio pan es una actividad sana, divertida, económica, deliciosa y mucho más fácil de lo que parece. Mezclar solo seis ingredientes con las manos y ver cómo se transforman milagrosamente, como de la nada, en una deliciosa combinación de texturas y sabores produce una satisfacción terapéutica y, a la vez, casi pueril.

un poco de historia

Los húngaros tienen un dicho: «El pan es más antiguo que el hombre». Hace más de diez mil años, la producción de pan fue la clave del proceso que condujo al hombre a abandonar una vida nómada, basada en la caza y el cuidado del ganado, para vivir en comunidades, dedicadas al cultivo de cereales. Cuando el ser humano descubrió los beneficios de cultivar trigo y cebada, empezó el Neolítico, con el desarrollo de una cultura agrícola. El hombre se dio cuenta de que el trigo y la cebada eran alimentos que se podían almacenar para consumirlos durante el invierno, lo que le dejaba tiempo para desarrollar otras habilidades. Al principio, la tarea de preparar el grano y elaborar el pan estaba reservada a las mujeres, pero con el tiempo surgieron las panaderías y el oficio de panadero se convirtió en uno de los más valorados de las comunidades.

El hombre también tomó conciencia de que el pan era uno de los mejores alimentos para sustentar a una población que crecía con rapidez. Por ese motivo, la práctica de preparar pan se extendió, y se creó la tecnología necesaria para ello: los molinos y las piedras de molino para moler la harina y las herramientas para cultivar grandes extensiones de tierra y producir cereales a gran escala. Al principio, el pan era muy básico: se preparaba sin levadura y se cocinaba sobre una hoguera. Hoy, los panaderos artesanos elaboran complejas combinaciones de sofisticados sabores.

ventajas de preparar el propio pan

El pan preparado en casa presenta muchas ventajas respecto del industrial que se vende en los establecimientos: sabe mejor, contiene menos conservantes, es más nutritivo y suele ser mucho más económico.

La producción de pan a gran escala de hoy en día presenta un dilema importante. Por un lado, los fabricantes necesitan producir un pan que sea comestible, y por el otro, desean maximizar sus beneficios. Quieren elaborar hogazas de pan lo más económicas posible, por lo que a menudo dejan a un lado cuestiones tan importantes como el sabor o el valor nutricional. Para prolongar al máximo la vida del pan, le añaden conservantes y sal. Si consulta la larga lista de ingredientes de una hogaza de pan del supermercado, comprobará que nunca ha oído hablar de algunos de ellos e incluso le costará pronunciar sus nombres. Si prepara su propio pan, necesitará únicamente seis ingredientes: harina, levadura, azúcar, grasa, agua y sal.

Después de un día duro, o incluso el día anterior, preparar una buena hogaza de pan puede resultar relajante y terapéutico: ejercitará la parte superior del cuerpo, los dedos y las articulaciones al trabajar la masa, y alegrará a todos aquellos que estén a su alrededor.

ingredientes

Como ya he dicho, para empezar bastan seis ingredientes. Hay una extraordinaria cantidad de recetas cuya base es la masa de pan, de la pizza al *panettone*, pasando por el *brioche* y el pan de plátano. La mayoría se prepara mezclando estos seis ingredientes básicos, aunque estos se pueden cambiar para jugar con la textura y el sabor de la masa.

harina

Hace milenios que la cebada, el mijo, la avena, el centeno y el trigo se muelen en Europa y Asia. En América, en cambio, se usaba el maíz. Solo el trigo —y el centeno, aunque en menor grado— contiene la cantidad de gluten necesaria para preparar pan con levadura. El resto de las harinas deben combinarse con harina de trigo.

La mayoría de las masas de pan de este libro están preparadas con harina blanca (de trigo) para pan, esto es, con harina de fuerza, cuyo contenido en proteínas es mayor que el de la harina de trigo convencional. La harina de fuerza contiene más de un 12 % de proteínas, y el porcentaje de proteínas indica el contenido en gluten, que es el que hace las funciones de aglutinante.

Para modificar el sabor y la textura del pan, se puede incorporar un porcentaje de otras harinas. Jugar con las proporciones hasta dar con el sabor y la textura exactos constituye una de las partes más divertidas del proceso.

Elija una harina de fuerza blanca de buena calidad (es con la que mejor se trabaja) que sea de su agrado y úsela siempre como base. Las cantidades de los ingredientes de las recetas de este libro son muy precisas, pero existen multitud de factores que intervienen en la preparación del pan: la humedad, la temperatura, la altitud y la cantidad de proteínas de cada marca particular afectarán a la proporción de humedad absorbida por la harina. Por este motivo, en las recetas se recomienda trabajar la masa hasta obtener la textura indicada, ajustando la cantidad de líquido y de harina dependiendo de si la masa queda demasiado pegajosa o bien seca. Tras preparar un par de recetas, empezará a saber, de manera instintiva, si la masa está en su punto o necesita un poco más de harina o de agua.

levadura

La levadura es un organismo vivo. Se pueden usar tres tipos de levadura para preparar pan. El primero es la levadura de panadero fresca. Le da un sabor muy especial al pan, pero a veces es difícil de encontrar. Si puede disponer de levadura fresca, disuélvala en un poco de agua tibia hasta que se forme una pasta, y añádala a la harina.

El segundo tipo de levadura es la seca activa. Por lo general, se tiene que «activar» con un poco de azúcar y un chorrito de agua caliente. El agua debe estar a unos 43 °C. Si está más fría, la levadura no se activará, y si está más caliente, los hongos que contiene morirán. Yo no me tomo la molestia de comprobar la temperatura con un termómetro; lo hago instintivamente con los dedos. Me gusta usar este tipo de levadura. Me agrada la forma en que el agua empieza a hacer burbujas a medida de que la levadura fermenta. Para mí es como el principio de una aventura. La mayoría de las recetas de este libro contienen al menos 1 cucharadita de azúcar para activar la levadura. También se activa con la harina, aunque de manera más lenta.

El tercer tipo de levadura es la instantánea, a veces llamada «de acción rápida». Se puede añadir directamente a la harina sin necesidad de «activarla». La sal puede exterminar los hongos de la levadura, por lo que es conveniente añadir la sal y la levadura por separado y en diferentes lados del cuenco.

azúcar

El mejor activador de la levadura es el azúcar. Además de funcionar como conservante, da a la corteza ese fantástico color dorado. Un exceso de azúcar altera el proceso de fermentación de la levadura y puede hacer que la masa no suba, o bien que baje de repente. Los panes y los panecillos, no obstante, no suelen ser muy dulces, y el dulzor de los panes de postre suele provenir del glaseado o del azúcar de lustre que llevan encima.

grasa

Las grasas que se añaden al pan inhiben la formación de gluten, por lo que es conveniente agregarlas por separado. No obstante, las grasas son importantes, ya que actúan como conservantes y dan una textura más tierna y suave a la masa. Puede usar mantequilla o aceite. Es una cuestión de gustos. A mí me gusta emplear aceite de oliva, sobre todo en las recetas mediterráneas, ya que es más saludable y no contiene lactosa. No obstante, la mantequilla ablandada va muy bien para preparar pan blanco. Los aceites de sabor intenso, como el de sésamo o el de nueces, solo deben usarse si el objetivo es reforzar el sabor fuerte de ingredientes como aceitunas o tomates secados al sol. A veces también uso grasa vegetal blanca, ya que le da al pan una textura más hojaldrada y una corteza más crujiente. Procuro evitar la margarina, puesto que suele contener agua, lo que afecta a la proporción de líquido en la harina.

Engrase los moldes con un poco de aceite o con mantequilla. La margarina puede hacer que el pan se chamusque.

Si quiere preparar el pan sin nada de grasa, puede usar puré de manzana o de ciruelas en lugar de aceite o mantequilla. Pero, dado que contienen líquido, es recomendable adecuar la cantidad de agua o de leche que se añade a la masa.

agua

Se puede usar agua del grifo sin ningún problema para preparar pan. No obstante, la temperatura es una cuestión importante. Todas las recetas de este libro requieren usar agua a unos 43 °C, lo que contribuye a que la masa suba con mayor rapidez, pues el sabor del pan depende de la velocidad de este proceso. A medida que adquiera experiencia en la preparación de pan, podrá ralentizar el proceso de fermentación usando agua fría. Cuanto más se prolongue la fermentación, mejor será el sabor; por eso, el pan de masa ácida tiene un sabor tan rico y tan intenso. Si en lugar de agua usa leche, caliéntela primero, ya que su contenido en grasa impedirá la acción de la levadura. Tome la cantidad de agua que se indica en las recetas como referencia. Como ya he comentado, los diferentes tipos de harina y las condiciones atmosféricas hacen que varíe la cantidad de agua absorbida por la harina. En mi opinión es preferible que la masa esté algo más húmeda de lo normal que demasiado seca.

sal

La sal es un ingrediente muy importante en la preparación del pan. Refuerza el gluten y evita que el pan esté soso. Un exceso de sal, no obstante, inhibe la acción de la levadura. Se puede usar sal de mesa común sin ningún problema para preparar la masa. La sal más gruesa (preferiblemente en escamas), en cambio, es ideal para espolvorear panes como la *focaccia*.

utensilios

Puede usar tantas herramientas y utensilios como quiera, pero hay unos pocos que son esenciales:

horno
placas y moldes para el horno
moldes rectangulares de 450 y 900 g
papel sulfurizado
film transparente o bolsas de plástico
rasqueta
pulverizador de agua
cuenco grande
cuchillo grande afilado
colador y paño de cocina (a modo
   de molde para fermentar la masa)

herramientas útiles pero no esenciales
molde para fermentar el pan
paño de lino
pala de panadero
piedra para pizza
batidora con gancho amasador

técnicas

mezclar la masa

Si es italiano, seguramente mezclará la masa sobre una superficie de trabajo un poco enharinada. Yo prefiero hacerlo en un cuenco. Forme un montoncito con la harina y la sal dentro de un cuenco grande y haga un hueco en el centro. Vierta el aceite o la mantequilla en el hueco y, a continuación, la mayor parte de la levadura mezclada con agua. Con un tenedor, empiece a incorporar poco a poco, con un movimiento circular, la harina de los bordes del hueco. Continúe hasta añadir toda la harina. Si es necesario, agregue el resto de la levadura. Cuando la masa empiece a ligar y resulte demasiado difícil mezclarla con el tenedor, enharínese las manos y forme una bola con la masa. Excepto que la receta indique lo contrario, si la masa está demasiado húmeda, añada un poco más de harina, y si ha quedado muy seca, agregue un poco de líquido.

Si tiene el tiempo justo o la masa está muy pegajosa, trabájela en el robot o amasadora con un gancho amasador.

amasar

El proceso de amasado es crucial en la preparación del pan. Desarrolla el gluten y hace que la masa se vuelva suave y elástica a medida que se trabaja. También le ayudará a aprender instintivamente cuándo la masa está en su punto. No caiga en la tentación de añadir harina una y otra vez mientras trabaja la masa, ya que el pan resultante será duro y seco. En lugar de enharinar la superficie de trabajo, puede engrasarla con un chorrito de aceite.

Coloque la bola de masa sobre la superficie de trabajo y extiéndala con las manos hacia usted, con la mano izquierda, y en dirección contraria con la mano derecha. Hágalo durante 10 minutos, hasta que la masa esté uniforme, mullida, blanda y no se pegue a las manos. Continúe amasándola hasta que la superficie esté lisa. Para comprobar que la masa esté en su punto, haga lo siguiente: tome un trozo de masa y estírela; debe ser lo bastante elástica como para no romperse enseguida.

La masa del pan, una vez mezclada y amasada, se puede envolver en film transparente y conservar en el congelador hasta un mes. Cuando llegue el momento de usarla, descongélela hasta que esté a temperatura ambiente antes de retirar el film transparente y colocarla en un molde o una placa previamente engrasados. Cúbrala y deje que fermente hasta que doble su tamaño, y hornee el pan.

fermentar la masa

Este proceso puede parecer complicado, pero en realidad no lo es. Debe colocar la masa en un cuenco untado con aceite e irla girando para que se impregne completamente de aceite. Así se evita que se forme una costra en la superficie de la masa. Cúbrala con un paño de cocina o con film transparente y deje que repose hasta que más o menos doble su tamaño. El cuenco debe ser lo bastante grande como para que la masa, al subir, no toque el paño o el film transparente, lo que le impediría seguir subiendo. Si quiere que la masa suba rápidamente, colóquela en un lugar templado. Si, en cambio, prefiere un pan más sabroso y no tiene prisa, déjela reposar a temperatura ambiente o toda la noche en el frigorífico. Cuando esté lista, estará hinchada y suave al tacto. Si presiona ligeramente la superficie con un dedo, debe recuperar su forma original. Si deja fermentar demasiado la masa, se formará una especie de arrugas en la parte superior y empezará a caer. Si eso ocurre, vuelva a dar forma a la masa y déjela reposar una vez más; la levadura continuará alimentándose y la masa crecerá de nuevo.

Después de haber subido una o dos veces, generalmente se debe pinchar la masa para deshincharla. Trasládela a una superficie un poco enharinada y amásela suavemente una vez más, hasta que expulse todo el aire. En ocasiones, basta con extender la masa hasta que tenga el tamaño deseado. En el caso de las recetas que dan lugar a masas muy pegajosas, hay que tener cuidado de no hacer que salga el aire. En cualquier caso, en la receta se explica el procedimiento a seguir.

hornear el pan

Las panaderías profesionales usan hornos de vapor para conseguir una corteza crujiente perfecta. Puede reproducir esta técnica en casa colocando una bandeja grande en la parte inferior del horno y llenando dos tercios de su capacidad con agua en el momento de colocar el pan en el horno. No abra la puerta del horno durante por lo menos 5 minutos. Transcurrido ese tiempo, podrá comprobar si debe añadir agua a la bandeja. También puede pulverizar el pan con un poco de agua justo antes de meterlo en el horno.

Si prefiere que la corteza del pan sea más blanda, pulverice la masa con agua y prescinda de la bandeja de agua; en su lugar, unte la corteza con mantequilla derretida al retirar el pan del horno.

Para conseguir una corteza dorada y brillante, unte el pan con huevo batido mezclado con un poco de agua justo antes de hornearlo. Procure no verter la preparación de huevo sobre la placa del pan, ya que este se quedará pegado a la misma y no subirá.

Para conseguir una corteza blanda y dulce, unte la masa con leche mezclada con un poco de azúcar justo antes de hornearla.

Si prefiere una corteza dulce y algo pegajosa, unte el pan con almíbar de azúcar o miel inmediatamente después de retirarlo del horno.

Para conseguir una corteza blanda y brillante, unte la masa con aceite de oliva justo antes y después de hornearla.

Hornee el pan hasta que la corteza se dore. El pan debe quedar firme, pero no duro. Si queda mullido, significa que no se ha cocinado como debía. Al golpear la base del pan, debe sonar hueco; si apenas hace ruido, necesita más tiempo en el horno.

La mejor forma de cocinar las masas enriquecidas es a baja temperatura, para evitar que la superficie se oscurezca antes de que el interior esté cocinado. El pan dulce se suele quemar con más facilidad.

Al hornear panecillos, es importante tener en cuenta que, si los hornea separados entre sí, quedarán más crujientes, y más juntos, de modo que se toquen, quedarán más blandos.

Deje que el pan se enfríe en el molde si la receta así lo especifica. Luego deje que se enfríe del todo sobre una rejilla. Consérvelo en un recipiente hermético durante un máximo de 3 días.

problemas frecuentes

Estos son algunos de los problemas más frecuentes y algunos consejos para solucionarlos:
- Si el pan se extiende demasiado durante la fermentación, significa que la masa no tiene suficiente harina.
- Si la corteza se desprende del resto del pan, significa que hay demasiada harina en la masa o que se dejó fermentar durante demasiado tiempo.
- Si el pan se rompe mientras se hornea, puede significar que se dejó fermentar demasiado tiempo, que se puso demasiada levadura en la masa o que, al dar forma a la hogaza, se formó una bolsa de aire grande en el interior.
- Si el pan se derrumba mientras se hornea, puede ser que la temperatura del horno esté demasiado baja, que la masa tenga demasiado líquido o demasiado azúcar o que se haya olvidado de añadirle la sal.
- Si la masa apenas sube, seguramente usó poca levadura o demasiada sal. También es posible que el líquido que añadió a la masa estuviera demasiado caliente o fuera insuficiente. Un exceso de azúcar altera la fermentación, y algunas harinas no contienen el gluten suficiente. Puede que haya dejado que la levadura y la sal interactuaran antes de mezclar la masa.
- Todo este proceso al principio le parecerá un tanto abrumador. Pero puede convertirse en una afición adictiva y divertida, e incluso en una obsesión, sobre todo a medida que descubra que la variedad de sabores es amplísima y que sus familiares y amigos valoran su destreza y sus esfuerzos.

panes clásicos

En este capítulo encontrará recetas de los panes

más clásicos que todo el mundo conoce y a partir de

los cuales se pueden crear hogazas más complejas.

pan blanco básico

véanse variaciones en la página 38

Este pan es el original y el mejor: su interior es ligero y esponjoso y su corteza, crujiente.

1 cucharadita de azúcar disuelta en 320 ml
    de agua templada
2 cucharaditas de levadura seca activa
510 g de harina de fuerza blanca

2 cucharaditas de sal
2 cucharadas de mantequilla
    ablandada
aceite de oliva para engrasar

Engrase un molde rectangular de 900 g (23 × 13 cm) con un poco de aceite de oliva. Disuelva el azúcar en el agua caliente y esparza la levadura por encima. Resérvelo hasta que el líquido esté espumoso (unos 10-15 minutos). En un cuenco grande, mezcle la harina y la sal. Haga un hueco en el centro y vierta el líquido con la levadura. Añada la mantequilla e incorpore bien todos los ingredientes hasta que empiece a formarse una masa. Trabájela unos 10 minutos, hasta que esté uniforme, blanda y sedosa. Pásela a un cuenco grande ligeramente engrasado con aceite y dele la vuelta varias veces en el cuenco para que se impregne de aceite. Cubra el cuenco con film transparente o un paño de cocina y deje que la masa repose en un lugar templado durante, como mínimo, 1 hora (mejor 2), hasta que doble su volumen.

Ponga la masa en una superficie de trabajo ligeramente enharinada y vuelva a amasarla un poco. Modélela hasta que tenga una forma ovalada, de la misma anchura que el molde, y enróllela, procurando que tenga de 20 a 23 cm de longitud. Coloque la masa en el molde, con el lado del pliegue hacia abajo. Introduzca el molde en una bolsa de plástico un poco aceitada y deje que la masa fermente en un lugar templado durante aproximadamente 1 hora, hasta que doble su tamaño y recupere su forma al presionarla con el dedo. Precaliente el horno a 220 °C y coloque una bandeja en la parte inferior para que se caliente. Retire el molde de la bolsa de plástico y espolvoree un poco de harina por encima. Llene la bandeja de agua para crear vapor, y hornee el pan durante 30 minutos, hasta que suene hueco al golpear su base. Deje que se enfríe sobre una rejilla.

Para 1 hogaza

pan integral con miel

véanse variaciones en la página 39

El pan preparado con harina integral es mejor para el corazón y la sensación de saciedad dura más tiempo.

1 cucharadita de azúcar disuelto en 60 ml
  de agua templada
2 cucharaditas de levadura seca activa
300 ml de agua caliente
4 cucharadas de miel
2 cucharadas de grasa blanca vegetal

265 g de harina integral
320 g de harina de fuerza blanca
1 cucharada de germen de trigo
2 cucharaditas de sal
aceite de oliva para engrasar

Engrase un molde rectangular de 900 g (23 × 13 cm) con un poco de aceite de oliva. Esparza la levadura sobre el agua con azúcar. Deje que repose entre 10 y 15 minutos, hasta que el líquido esté espumoso. En un cuenco grande, mezcle el agua caliente con la miel y la grasa vegetal. Remueva hasta que se disuelvan. Deje que la preparación se temple. Añada la mezcla de levadura, la mitad de la harina integral, 190 g de harina blanca, el germen de trigo y la sal. Incorpore bien todo. Agregue la harina integral restante y la cantidad de harina blanca necesaria para obtener una masa ligeramente rígida. Coloque la masa sobre una superficie de trabajo un poco enharinada y amásela unos 10 minutos, hasta que esté uniforme y elástica. Forme una bola con la masa y colóquela en un cuenco grande un poco aceitado. Dele vueltas en el cuenco para que se impregne de aceite. Tape el cuenco y deje que la masa repose durante aproximadamente 1 hora, hasta que doble su volumen. Ponga la masa en una superficie de trabajo ligeramente enharinada, aplástela con los puños y amásela de nuevo. Modélela hasta que tenga una forma ovalada de la misma anchura que el molde y enróllela, procurando que tenga una longitud entre unos 20 y 23 cm. Ponga la masa en el molde con el lado del pliegue hacia abajo. Introduzca el molde en una bolsa de plástico y deje que la masa fermente de nuevo en un lugar templado alrededor de 1 hora, hasta que doble su volumen. Precaliente el horno a 190 °C. Retire el molde de la bolsa de plástico, espolvoree un poco de harina sobre la masa y hornee el pan entre 40 y 45 minutos, hasta que se dore y suene hueco al golpearlo en la base. Deje que se enfríe sobre una rejilla.

Para 1 hogaza

pan de malta con semillas

véanse variaciones en la página 40

El sabor único y delicioso de este pan de malta se consigue con un poco de jarabe de cebada malteada y unos copos de trigo malteado.

1 cucharadita de azúcar, y 1 cucharadita más
415 ml de agua templada
2 cucharaditas de jarabe de cebada malteada
    o melaza
2 cucharaditas de levadura seca activa
330 g de harina de fuerza blanca
280 g de harina integral
60 g de copos de trigo malteado
65 g de copos de avena

2 cucharadas de semillas de girasol
2 cucharadas de semillas de sésamo
2 cucharaditas de sal
2 cucharadas de aceite de oliva, y un poco
    más para engrasar
1 clara de huevo pequeño batida para untar
unas cuantas semillas de girasol y de calabaza
    para decorar

Engrase un molde rectangular de 900 g (23 × 13 cm) con un poco de aceite de oliva. Disuelva 1 cucharadita de azúcar en el agua templada, añada el jarabe de cebada malteada y remueva para que se mezcle bien. Esparza la levadura sobre el agua con azúcar y el almíbar. Deje que el líquido repose entre 10 y 15 minutos, hasta que esté espumoso.

En el recipiente de un robot o amasadora con un gancho amasador, mezcle la harina de fuerza blanca, la harina integral, los copos de trigo malteados, la avena, las semillas, la sal y 1 cucharadita de azúcar. Haga un hueco en el centro y vierta la preparación de levadura. Añada el aceite de oliva, e incorpore bien todo hasta que se forme una masa blanda y maleable, pero no pegajosa. Amásela a baja potencia entre 5 y 8 minutos, hasta que la masa esté uniforme y elástica. También puede mezclarla en un cuenco grande, pasarla a una superficie ligeramente enharinada y amasarla durante 10 minutos. Transfiera la masa a un cuenco grande un poco aceitado y dele vueltas en el interior del cuenco para que se impregne de aceite. Cubra el cuenco y deje que la masa repose 1 o 2 horas en un lugar templado, hasta que doble su volumen.

Ponga la masa sobre una superficie de trabajo ligeramente enharinada, aplástela con los puños y modélela hasta que tenga una forma ovalada de la misma anchura que el molde. Enróllela, procurando que tenga una longitud de unos 23 cm. La parte superior debe quedar lisa. Colóquela en el cuenco, con el lado del pliegue hacia abajo. Introduzca el molde en una bolsa de plástico y deje que repose 1 hora más en un lugar templado, hasta que doble su volumen. Precaliente el horno a 200 °C. Retire el molde de la bolsa de plástico, unte la parte superior de la masa con un poco de clara de huevo batida, esparza unas cuantas semillas de girasol y calabaza por encima y hornee el pan unos 35 minutos, hasta que suba, se dore y suene hueco al golpearlo en la base. Deje que se enfríe sobre una rejilla.

Para 1 hogaza

pan rústico

véanse variaciones en la página 41

Este pan ovalado no se cuece en un molde. Es el tipo de pan que se suele encontrar en toda Francia.

1 cucharadita de azúcar disuelto
    en 320 ml de agua templada
2 cucharaditas de levadura seca activa

510 g de harina de fuerza blanca
1 cucharadita de sal
1 cucharada de aceite de oliva

Forre una bandeja para horno con papel sulfurizado. Esparza la levadura sobre la preparación de agua y azúcar y deje que repose entre 10 y 15 minutos, hasta que el líquido esté espumoso. En un cuenco grande, mezcle la harina y la sal. Haga un hueco en el centro y añada la preparación de levadura y el aceite de oliva. Incorpore bien hasta que se forme una masa blanda. Si queda demasiado seca, añada un poco más de agua, y si queda demasiado húmeda, agregue un poco más de harina. Trabaje la masa durante unos 10 minutos, hasta que esté blanda, uniforme y elástica. Pásela a un cuenco grande ligeramente aceitado y dele vueltas en su interior para que se impregne de aceite. Cubra el cuenco y deje que la masa repose en un lugar templado durante aproximadamente 1 hora, hasta que doble su volumen.

Coloque la masa sobre una superficie de trabajo un poco enharinada y aplástela con los puños. Modélela hasta formar un círculo ligeramente ovalado y colóquelo sobre la placa del horno. Cubra el pan y deje que repose durante 1 hora, hasta que doble su volumen.

Precaliente el horno a 220 °C. Espolvoree el pan con un poco de harina y hágale cuatro cortes profundos en diagonal en la parte superior. Hornéelo durante unos 30 minutos, hasta que, al golpearlo en la base, suene hueco. Deje que se enfríe sobre una rejilla.

Para 1 hogaza

pan claro de centeno

véanse variaciones en la página 42

Este pan no es tan oscuro como suele ser el pan de centeno, porque lleva un poco de harina blanca. Es muy sabroso y consistente, ideal para preparar tostadas.

320 g de harina de centeno
190 g de harina de fuerza blanca
1 cucharadita de sal
1 cucharada de levadura seca instantánea

355 ml de agua templada
1 cucharada de melaza o miel
aceite de oliva para engrasar

Engrase un molde rectangular de 900 g (23 × 13 cm) con un poco de aceite de oliva. Mezcle las harinas en un cuenco grande. Añada la sal en un lado y la levadura en el otro. Incorpore bien el agua caliente y la melaza o la miel, y remueva hasta que se disuelva. Haga un hueco en el centro de la harina, vierta el líquido dentro y mézclelo hasta que se forme una masa pegajosa. Si queda demasiado seca, vierta un poco más de agua, y si queda demasiado húmeda, un poco más de harina. Coloque la masa sobre una superficie de trabajo ligeramente enharinada y amásela con los nudillos unos 5 minutos. Debe quedar menos elástica que las masas blancas normales. Póngala en un cuenco un poco aceitado y dele vueltas en su interior para que se impregne de aceite. Cubra el cuenco y deje que la masa repose en un lugar templado hasta que doble su tamaño. Tardará más en subir que la masa de harina blanca, tal vez unas 3 horas.

Coloque la masa sobre una superficie de trabajo ligeramente enharinada, aplástela con los puños y vuelva a amasarla 1 o 2 minutos. Modélela hasta que tenga una forma ovalada de la misma anchura que el molde, enróllela y colóquela en el molde con el lado del pliegue hacia abajo. Deje que repose durante unos 30 minutos, mientras precalienta el horno a 220 °C. Hornee el pan 30 minutos. Retírelo del horno, deje que se enfríe en el molde durante 10 minutos y luego sobre una rejilla.

Para 1 hogaza

pan de semillas sin gluten

véanse variaciones en la página 43

El sabor y la textura de este pan son bastante diferentes de los del pan de harina de trigo normal.
Pero, si conoce a alguien intolerante al trigo o al gluten, este pan es perfecto.

1 cucharadita de azúcar disuelto
en 335 ml de agua templada
2 cucharaditas de levadura seca
175 g de harina de arroz
90 g de harina de tapioca
90 g de fécula de patata
2 cucharaditas de goma xantana
1 cucharadita de sal

3 huevos a temperatura
ambiente
1 cucharada de miel
1 cucharada de aceite
de oliva, y un poco más
para engrasar
1 cucharadita de vinagre
de manzana

1 cucharada de semillas
de amapola
1 cucharada de semillas de linaza
1 cucharada de semillas
de sésamo
1 cucharadita de cada una
de las semillas anteriores
para decorar

Engrase un molde rectangular de 450 g (20 × 10 cm) con un poco de aceite de oliva. Esparza la levadura
sobre la preparación de agua y azúcar, y deje que repose entre 10 y 15 minutos, hasta que el líquido esté
espumoso. En un cuenco grande, mezcle las harinas de arroz y de tapioca y la fécula de patata. Añada la goma
xantana y la sal, y remuévalo todo. En un segundo cuenco, bata los huevos, la miel, el aceite y el vinagre hasta
que el líquido esté espumoso. Haga un hueco en el centro de la harina, y vierta las preparaciones de levadura
y de huevo y las semillas. Mézclelo todo en el robot o amasadora eléctrica durante 4 minutos. Ponga la masa
en el molde, cúbralo con film transparente (sin ajustarlo) y deje que la masa suba hasta que sobresalga 2,5 cm
del molde.

Precaliente el horno a 190 °C. Esparza unas cuantas semillas por encima del pan y hornéelo entre 50 y 60 minutos.
Retírelo del horno y deje que se enfríe en el molde durante 10 minutos. Desmóldelo y deje que se enfríe
por completo sobre una rejilla antes de cortarlo en rebanadas.

Para 1 hogaza

pan irlandés

véanse variaciones en la página 44

Este pan no lleva levadura. El bicarbonato sódico se encarga de hacer subir la masa. Se puede preparar en solo unos minutos, pero es recomendable consumirlo el mismo día, ya que no se conserva tierno durante mucho tiempo.

475 g de harina
1 cucharadita de bicarbonato sódico

1 cucharadita de sal
395 ml de suero de mantequilla

Precaliente el horno a 220 °C y forre una placa para el horno con papel sulfurizado. En un cuenco grande, mezcle la harina, el bicarbonato sódico y la sal. Haga un hueco en el centro y vierta el suero de mantequilla. Mézclelo todo rápidamente hasta que se forme una masa pegajosa. Pásela a una superficie de trabajo algo enharinada y forme una bola de inmediato. Colóquela sobre la placa, aplástela un poco con la mano y haga una cruz encima. Espolvoree un poco de harina sobre el pan y hornéelo durante 30 minutos, hasta que, al golpearlo en la base, suene hueco. Deje que se enfríe sobre una rejilla.

Para 1 hogaza

focaccia

véanse variaciones en la página 45

La *focaccia* es más difícil de preparar que el pan blanco convencional, ya que la masa es más húmeda. Este pan italiano es ideal para mojarlo en aceite de oliva con ajo y hierbas aromáticas (*véanse* variaciones).

510 g de harina de fuerza blanca
1 cucharadita de sal
1 ½ cucharaditas de levadura seca activa
355 ml de agua caliente (en dos dosis)

3 cucharadas de aceite de oliva virgen extra, y un
    poco más para engrasar y para rociar el pan
sal marina gruesa para esparcir sobre el pan
2 ramitas de romero picadas

Forre dos placas grandes para el horno con papel sulfurizado y engrase un plato de cristal rectangular (28 × 23 cm) con un poco de aceite de oliva. Mezcle la harina y la sal en un cuenco grande. En otro pequeño, disuelva la levadura en 300 ml de agua templada. Deje que repose durante 5 minutos. Haga un hueco en el centro de la harina y vierta la preparación de levadura junto con 3 cucharadas de aceite de oliva. Remuévala un poco con una rasqueta de plástico o con las manos. Añada gradualmente el resto del agua hasta que se forme una masa pegajosa. Puede que no sea necesario usar toda el agua. Retire la masa del cuenco y colóquela sobre una superficie de trabajo ligeramente enharinada o aceitada. Con los nudillos de las manos o con una rasqueta de plástico, trabaje la masa unos 10 minutos, hasta que esté uniforme y elástica. Al principio la masa estará más húmeda, pero poco a poco la superficie se irá suavizando. Ponga la masa en el plato aceitado, cúbrala con un paño de cocina y deje que repose en un lugar templado durante más o menos 1 hora.

Enharine ligeramente la superficie de trabajo y coloque encima la masa con cuidado. Procure no extraer el aire del interior. Corte la masa por la mitad y estire las dos mitades hasta formar rectángulos. Colóquelos con cuidado sobre las placas para horno, introduzca cada una de ellas en una bolsa de plástico engrasada y deje que la masa repose durante 1 hora, hasta que doble su volumen.

Precaliente el horno a 220 °C. Saque las placas de las bolsas de plástico y forme pequeños huecos en la superficie presionando la masa con los dedos. Rocíe cada *focaccia* con 1 o 2 cucharadas de aceite de oliva y esparza un poco de sal gruesa por encima. Clave unas ramitas de romero en la masa. Hornee durante 15 minutos, o hasta que la superficie se dore y, al golpear la base, suene hueca.

Para 2 hogazas

chapata fácil y rápida

véanse variaciones en la página 46

Preparar una chapata auténtica puede ser un poco complicado. Esta es una receta más sencilla aunque igualmente deliciosa, perfecta para principiantes.

510 g de harina de fuerza blanca
½ cucharadita de azúcar
1 ½ cucharaditas de levadura seca activa

440 ml de agua templada y 2 cucharadas
  de agua más
1 cucharadita de sal
1 cucharada de aceite de oliva virgen extra

Forre una placa para el horno con papel sulfurizado. Mezcle la harina con el azúcar y la levadura en un cuenco grande. Añada el agua caliente y la sal, y remueva la preparación con las manos con un movimiento circular. Tome trozos de masa, levántelos y déjelos caer de nuevo sobre la masa para airearla. De esta forma se consigue la característica textura de la chapata. También puede amasarla en un robot o amasadora, cubrir el cuenco con film transparente y dejar que repose en un lugar templado durante 1 hora, hasta que doble su tamaño.

Precaliente el horno a 200 °C. Vierta con cuidado la masa sobre una superficie de trabajo bien enharinada y, procurando que no pierda el aire, doble la masa a lo largo, como para formar un sobre. Así se crea la característica hogaza aplanada. Pase la masa a una placa para el horno y hornéela entre 30 y 40 minutos, hasta que el pan se dore y la base suene hueca al golpearla con los dedos.

Para 1 hogaza

pan de cereales

véanse variaciones en la página 47

Los diferentes cereales aportan textura a este sabroso pan con un alto contenido en fibra.

1 cucharadita de azúcar disuelto en 240 ml
    de agua templada y 120 ml de leche entera
    templada
4 cucharadas de miel
2 cucharaditas de levadura seca activa
250 g de harina de fuerza blanca

320 g de harina integral
1 cucharadita de sal
2 cucharadas de germen de trigo
2 cucharadas de salvado de avena
4 cucharadas de aceite de oliva, y un poco
    más para engrasar

Engrase un molde rectangular de 900 g (23 × 13 cm) con un poco de aceite de oliva. Mezcle la miel con la preparación de agua, leche y azúcar. Esparza la levadura por encima. Deje que la mezcla repose entre 10 y 15 minutos, hasta que esté espumosa. En un cuenco grande, incorpore bien las harinas blanca e integral con la sal, el germen de trigo y el salvado de avena. Haga un hueco en el centro y vierta la preparación de levadura y el aceite de oliva. Mézclelo todo bien hasta que se forme una masa blanda. Amásela durante unos 10 minutos, hasta que esté blanda, uniforme y elástica.

Pase la masa a un cuenco grande ligeramente aceitado y dele la vuelta para que se impregne bien de aceite. Cubra el cuenco y consérvelo en un lugar templado durante más o menos 1 hora, hasta que doble su volumen. Retire la masa del cuenco y colóquela sobre una superficie de trabajo ligeramente enharinada, aplástela con los puños y amásela un poco más. Modélela hasta que tenga una forma ovalada de la misma anchura que el molde y enróllela, procurando que tenga una longitud de unos 20-23 cm. Coloque la masa en el molde con el lado del pliegue hacia abajo. Deje que fermente de nuevo en un lugar templado alrededor de 1 hora, hasta que doble su volumen. Precaliente el horno a 200 °C. Cuando la masa esté lista, hornéela durante 30 minutos, o hasta que, al golpear la base, suene hueca.

Para 1 hogaza

pan de masa madre (o ácida)

véanse variaciones en la página 48

La preparación de la masa madre, o ácida, requiere mucha paciencia, pero el resultado merece la pena.

Para el impulsor de la masa madre
285 g de harina de fuerza blanca, y un poco más
  para activar la levadura
300 ml de agua, y un poco más para activar la
  levadura

Para completar la masa madre
600 g de harina de fuerza blanca
1 o 2 cucharaditas de sal
un poco de harina y de polenta

Para preparar el impulsor de la masa madre, mezcle la harina con el agua en un cuenco mediano hasta que se forme una pasta espesa. Pásela a un recipiente de cristal o de plástico (evite el metal) y tápelo un poco (no del todo). Deje que la masa repose a temperatura ambiente durante 3 o 4 días. Transcurrido este tiempo, se tendrían que haber formado burbujas y la masa debería desprender un olor agrio. Deseche la mitad de la masa. Mezcle 120 g de harina y 170 ml de agua hasta que se forme una pasta, e incorpóreña a la masa original. A este proceso se le conoce como «alimentar la masa». Pase la nueva masa a un recipiente de plástico con tapa hermética. Al día siguiente estará lista para usar. Generalmente necesitará la mitad de la cantidad para preparar la receta. Conserve el resto en el frigorífico y sáquelo la noche antes de usarlo. Cada vez que emplee una mitad, vuelva a «alimentarla» y a conservala en la nevera. No la utilice justo después de «alimentarla». Si no se forman burbujas en la masa, deséchela y empiece de nuevo.

Mezcle en un cuenco grande 600 g de harina con 250 g de impulsor y el agua suficiente como para que se forme una masa blanda y maleable. Deje que repose durante 15 minutos, añádale la sal y amásela un poco. Pásela a un cuenco ligeramente aceitado, cúbralo y deje que la masa repose a temperatura ambiente (entre 22 y 24 °C) hasta que doble su volumen. Este proceso puede durar hasta 5 horas. Cubra un colador grande con un paño de cocina limpio. Espolvoree un poco de polenta o harina sobre el paño para evitar que se pegue. Coloque la masa sobre una superficie de trabajo un poco enharinada y dóblela hacia dentro varias veces hasta que esté uniforme y haya perdido todo el aire del interior. Forme una bola con la masa, póngala en el colador

y espolvoréela con un poco más de polenta o harina. Cúbrala con un paño de cocina y deje que repose a temperatura ambiente hasta que doble su volumen: unas 12 o 14 horas. Si transcurrido este tiempo la masa está arrugada, significa que ha fermentado demasiado. Vuelva a formar una bola sin amasarla y deje que fermente una vez más (en esta ocasión debería subir en la mitad de tiempo). Cuando la masa esté lista, precaliente el horno a 200 °C y cubra una placa grande para el horno con papel sulfurizado. Coloque la masa del revés sobre la placa y practique un corte profundo en la que ahora es la parte superior del pan. Hornéelo entre 30 y 40 minutos, hasta que la superficie se dore y, al golpear la base con los dedos, suene hueco.

Para 1 hogaza

pan italiano crujiente

véanse variaciones en la página 49

Este pan tiene una corteza muy crujiente y una miga blanda, ligera y esponjosa. Se puede congelar.

1 cucharada de polenta
   fina
250 ml de agua templada
2 cucharaditas de levadura
   seca activa

365 g de harina de fuerza
   blanca
½ cucharada de azúcar
1 cucharada de aceite de oliva
   virgen extra

1 cucharadita de sal
1 clara de huevo ligeramente
   batida
1 cucharada de semillas
   de amapola

Espolvoree una cantidad generosa de polenta sobre una bandeja grande para horno. Ponga el agua templada y la levadura en un cuenco grande y deje que la preparación repose durante 5 minutos, hasta que esté espumosa. Añada la harina y el azúcar. Mézclelo todo hasta que se empiece a formar una masa. Reparta el aceite y la sal sobre la masa. Incorpórelo bien entre 8 y 10 minutos, hasta que la masa esté uniforme, firme y elástica. Póngala en un cuenco ligeramente aceitado y dele vueltas para que se impregne de aceite. Cubra el cuenco y deje que la masa repose en un lugar templado durante 1 ½ horas, hasta que doble su volumen. Retire la masa del cuenco y colóquela sobre una superficie de trabajo aceitada. Aplástela con los puños para que pierda buena parte del aire contenido en la masa y forme con ella un rectángulo grande. Enróllela para crear un rollo compacto y selle bien la junta. Vuelva a aplastar, enrollar y sellar la masa 3 o 4 veces más. Al final, dele forma ovalada, con los extremos acabados en punta. Colóquela en la placa para el horno, cúbrala y deje que repose en un lugar templado durante 1 ½ horas, hasta que doble su volumen. Precaliente el horno a 220 °C. Coloque una bandeja para el horno en la parte inferior del horno y llénela hasta la mitad con agua caliente. Unte la hogaza con la clara de huevo batida y espolvoree las semillas de amapola por encima. Con un cuchillo afilado, haga 3 o 4 cortes diagonales de unos 6 mm de profundidad en la parte superior. Vaporice generosamente con agua y colóquela en el horno. Transcurridos 3 minutos, abra la puerta del horno y vuelva a rociar la hogaza con agua. Baje la temperatura del horno a 180 °C. Hornee el pan entre 25 o 30 minutos más.

Para 1 hogaza

variaciones

pan blanco básico

véase la receta básica en la página 17

pan de hadas australiano

Prepare la receta básica. Cuando el pan se enfríe, córtelo en rebanadas y úntelas con un poco de mantequilla y espolvoréelas con fideos de chocolate de colores. Corte cada rebanada en cuatro trozos haciendo dos cortes diagonales.

pan rústico inglés

Prepare la receta básica. Divida la masa en dos partes, una de dos tercios y la otra de un tercio. Forme una bola con cada una, cúbralas y deje que reposen 5 minutos. Coloque la bola más pequeña sobre la más grande y presione el mango enharinado de una cuchara en el centro para unir ambas bolas de masa. Con un cuchillo afilado, practique cortes alrededor del borde de ambas bolas. Deje que la masa repose de nuevo y hornee el pan como se indica en la receta básica.

pan de queso feta y escalonia

Prepare la receta básica, pero distribuya 100 g de queso feta cortado en dados y 1 escalonia pequeña finamente picada sobre de la masa ovalada justo antes de enrollarla para introducirla en el molde.

pan de tomate, albahaca y parmesano

Prepare la receta básica, pero añada 2 cucharadas de queso parmesano rallado y 2 cucharaditas de albahaca seca a la harina y la sal. Esparza unos cuantos tomates secados al sol sobre la masa ovalada justo antes de enrollarla para ponerla en el molde.

variaciones

pan integral con miel

véase la receta básica en la página 19

pan de salvado y coco
Prepare la receta básica, pero use salvado de trigo en lugar de germen de trigo y añada 25 q de coco rallado a la mezcla de harina.

pan de semillas de girasol
Prepare la receta básica, pero agregue 3 cucharadas de semillas de girasol crudas y peladas a la preparación de harina.

pan de pacanas y azúcar moreno
Prepare la receta básica, pero sustituya la miel por 75 g de azúcar moreno. Incorpore el azúcar moreno a la mezcla de harina junto con 40 g de pacanas picadas.

pan de naranja y comino
Prepare la receta básica, pero añada 1 cucharada de ralladura de naranja y ¾ de cucharada de comino rallado a la preparación de harina.

variaciones

pan de malta con semillas

véase la receta básica en la página 20

pan de mango y nueces de macadamia
Prepare la receta básica, pero sustituya el jarabe de cebada malteada y las semillas de girasol y de sésamo
por 30 g de nueces de macadamia picadas y 30 g de puré de mango. Añádalos con el aceite de oliva.

pan de manzana y jengibre
Prepare la receta básica, pero sustituya el jarabe de cebada malteada y las semillas de girasol y sésamo
por 30 g de puré de manzana y 1 cucharadita de jengibre molido. Agréguelos junto con el aceite de oliva.

pan de avena con nueces
Prepare la receta básica. Use miel y 30 g de nueces picadas en lugar del jarabe de cebada malteada
y las semillas de girasol y sésamo.

panecillos de semillas
Prepare la receta básica. Coloque la masa sobre una superficie de trabajo ligeramente enharinada, divídala
en 24 partes iguales y forme una bola con cada una. Póngalas en bandejas para el horno cubiertas con
papel sulfurizado, cúbralas y deje que reposen entre 30 y 40 minutos. Hornee los panecillos a 230 °C
entre 15 y 20 minutos.

variaciones

pan rústico

véase la receta básica en la página 23

pan rústico con higos y pimienta negra molida
Prepare la receta básica, pero añada 340 g de higos secos troceados y 2 cucharaditas de pimienta
negra molida junto con el aceite de oliva.

tostadas francesas de chocolate
Prepare la receta básica y corte el pan en 10 rebanadas. Disuelva 130 g de cacao en polvo no edulcorado
en 60 ml de agua caliente. Deje que la mezcla se enfríe. Bata en un cuenco 4 huevos, 180 ml de crema de leche
espesa, 180 ml de leche, 60 g de azúcar, 1 cucharadita de extracto de vainilla y ½ cucharadita de sal. Añada
la preparación de cacao. Remoje las rebanadas de pan (de dos en dos) en la mezcla de chocolate y fríalas
en una sartén con mantequilla durante 3 minutos por cada lado. Espolvoree las tostadas con azúcar de lustre
y sírvalas con almíbar.

bruschette de tomate y pimiento
Prepare la receta básica y corte la hogaza en unas 10 rebanadas. Tuéstelas en el horno por los dos lados.
Unte medio diente de ajo en las rebanadas. Mezcle 4 o 5 pimientos rojos asados, 2 dientes de ajo picados,
15 g de hojas de albahaca picadas y 30 g de tomates secados al sol troceados. Extienda la preparación
sobre las rebanadas.

pan rústico de aceitunas verdes
Prepare la receta básica, pero añada 340 g de aceitunas verdes deshuesadas y picadas a la harina junto
con la mezcla de levadura.

variaciones

pan claro de centeno

véase la receta básica en la página 24

pan de centeno con cebolla y eneldo

Prepare la receta básica, pero añada 1 cucharada de cebolla deshidratada y 2 cucharaditas de eneldo
a la harina.

pan de centeno con ciruelas y nueces

Prepare la receta básica, pero sustituya 60 g de harina de centeno por la misma cantidad de copos de salvado.
Añada 75 g de ciruelas pasas deshuesadas picadas y 3 cucharadas de nueces picadas a la harina.

pan de centeno con *corned beef*

Prepare la receta básica. Corte el pan en 9 rebanadas y córtelas por la mitad en diagonal, formando
2 triángulos. Mezcle 2 cucharadas de mostaza de Dijon y otro tanto de mayonesa, y unte los triángulos
con esta preparación. Corte 125 g de *corned beef* en 18 trozos y colóquelos sobre los triángulos. Añada
1 o 2 rodajas de pepinillo encima.

pan claro de centeno con alcaravea

Prepare la receta básica, pero agregue 1 cucharadita de semillas de alcaravea al cuenco de las harinas.

variaciones

pan de semillas sin gluten

véase la receta básica en la página 26

pan de semillas sin gluten con parmesano y cebollino
Prepare la receta básica, pero añada 2 cucharadas de parmesano rallado y 2 cucharaditas de cebollino deshidratado al cuenco de la mezcla de levadura.

pan sin gluten con guindilla y cilantro
Prepare la receta básica, pero sustituya las semillas por 1 guindilla roja sin semillas bien picada y 2 cucharadas de cilantro recién troceado. Esparza 2 cucharaditas de copos de pimiento rojo sobre de la hogaza.

pan sin gluten con ajo y tomillo
Prepare la receta básica, pero sustituya las semillas por 1 cucharadita de ajo en polvo y otra de tomillo seco.

pan de semillas sin gluten, con tomates secados al sol y albahaca
Prepare la receta básica, pero añada 30 g de tomates secados al sol picados y 15 g de hojas de albahaca picadas al cuenco con la mezcla de levadura.

variaciones

pan irlandés

véase la receta básica en la página 27

panecillos irlandeses con tomates secados al sol

Prepare la receta básica, pero añada 30 g de tomates secados al sol picados y 1 cucharadita de tomillo a la mezcla de harina. Manipulándola lo menos posible, corte la masa en cuatro porciones iguales y forme una bola con cada una. Aplánelas, colóquelas en una placa para horno forrada con papel sulfurizado, marque una cruz encima y hornee los panecillos a 200 °C entre 20 y 25 minutos.

pan irlandés con eneldo y semillas de amapola

Prepare la receta básica, pero añada 1 cucharadita de eneldo seco y 1 cucharada de semillas de amapola a la mezcla de harina.

pan irlandés con queso y mostaza

Prepare la receta básica, pero agregue 30 g de queso cheddar rallado y 2 cucharaditas de mostaza en polvo a la preparación de harina.

pan irlandés con especias mexicanas

Prepare la receta básica, pero incorpore 4 cebollas tiernas picadas, 1 guindilla roja picada y 30 g de queso cheddar rallado a la mezcla de harina.

variaciones

focaccia

véase la receta básica en la página 28

focaccia con calabacín y albahaca

Prepare la receta básica, pero prescinda del romero. En su lugar, corte 2 calabacines pequeños
en rodajas finas y distribúyalas sobre la *focaccia*. A continuación, esparza 2 cucharaditas de albahaca
seca por encima.

focaccia con cebolla roja y tomillo

Prepare la receta básica, pero prescinda del romero. En su lugar, corte 2 cebollas rojas en rodajas finas
y distribúyalas sobre la *focaccia*. A continuación, esparza 2 cucharaditas de tomillo seco por encima.

focaccia con mozzarella y pesto

Prepare la receta básica, pero prescinda del romero. En su lugar, coloque trocitos de mozzarella sobre
la superficie y presiónelos. Esparza un poco de pesto por encima.

focaccia con aceitunas negras y queso de cabra

Prepare la receta básica, pero prescinda del romero. En su lugar, coloque trocitos de queso de cabra sobre
la superficie y presiónelos. Distribuya aceitunas negras troceadas por encima.

variaciones

chapata fácil y rápida

véase la receta básica en la página 31

chapata al ajo
Prepare la receta básica, pero añada 2 dientes de ajo picados al cuenco con la harina.

chapata con pimienta negra y escamas de sal
Prepare la receta básica, pero agregue 2 cucharadas de pimienta negra recién molida a la harina. Mientras todavía esté caliente, unte el pan con mantequilla derretida y esparza unas escamas de sal por encima.

panecillos de chapata
Prepare la receta básica. Después de doblar la masa como si fuera un sobre, córtela con mucho cuidado en 8 o 9 rectángulos con un cuchillo afilado. Procure que la masa no libere el aire de su intrior. Coloque los rectángulos en una placa de horno y proceda como se indica en la receta básica.

chapata con guindilla
Prepare la receta básica, pero añada 2 cucharadas de copos de guindilla al cuenco con la harina.

variaciones

pan de cereales

véase la receta básica en la página 32

pan de cereales con nueces
Prepare la receta básica, pero añada 40 g de nueces picadas al cuenco con la harina.

pan de cereales con romero y tomillo
Prepare la receta básica, pero agregue 2 cucharaditas de romero seco y la misma cantidad de tomillo seco al cuenco con la harina.

pan de cereales y semillas
Prepare la receta básica, pero incorpore 2 cucharadas de semillas de girasol, y la misma cantidad de semillas de sésamo, de semillas de cebolla y de amapola al cuenco con la harina.

pan de cereales con queso azul y pacanas
Prepare la receta básica, pero añada 40 g de pacanas picadas al cuenco con la harina. Desmenuce 175 g de queso azul sobre la masa justo antes de enrollarla y ponerla en el cuenco. Proceda como se indica en la receta básica.

variaciones

pan de masa madre

véase la receta básica en la página 34

pan de masa madre con limón y romero
Prepare la receta básica. Añada 1 cucharada de ralladura de limón y 2 cucharaditas de romero seco al cuenco con la harina y el impulsor. Proceda como se indica en la receta básica.

pan de masa madre con queso y beicon
Prepare la receta básica. Añada 4 lonchas de beicon previamente fritas, crujientes y troceadas, y 3 cucharadas de queso parmesano rallado al cuenco con la harina y el impulsor.

pan de masa madre con semillas
Prepare la receta básica. Agregue 2 cucharadas de semillas de girasol y la misma cantidad de semillas de sésamo, de semillas de cebolla y de semillas de amapola al cuenco con la harina y el impulsor. Proceda como se indica en la receta básica.

pan de masa madre con pepitas de chocolate y almendras
Prepare la receta básica. Añada 60 g de pepitas de chocolate negro y 3 cucharadas de almendras troceadas al cuenco con la harina y el impulsor.

variaciones

pan italiano crujiente

véase la receta básica en la página 37

pan crujiente con limón y semillas de amapola

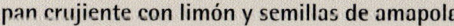

Prepare la receta básica, pero añada 2 cucharaditas de ralladura de limón y 1 cucharada de semillas
de amapola a la harina.

pan crujiente con cardamomo y tomillo

Prepare la receta básica, pero incorpore 1 cucharadita de semillas de cardamomo aplastadas y 2 cucharadas
de tomillo seco a la harina.

pan crujiente con guindilla y parmesano

Prepare la receta básica, pero añada 2 cucharaditas de copos de guindilla roja y 20 g de parmesano rallado
a la harina.

pan crujiente italiano con salsa pesto

Prepare la receta básica. Cuando la masa suba por primera vez, estírela y forme dos rectángulos de 30 × 35 cm.
Extienda 4 cucharadas de pesto sobre cada uno. Enrolle los rectángulos de masa como si se tratara de brazos
de gitano y colóquelos en una bandeja para el horno con el lado del pliegue hacia abajo. Proceda como se indica
en la receta básica.

panes de desayuno

En este capítulo encontrará fantásticos panes

para empezar el día, como el pan de plátano y pacanas,

el de naranja y canela o las pastas danesas.

pan con pacanas y jarabe de arce

véanse variaciones en la página 67

Este delicioso y suculento pan está relleno de sabrosas pacanas y jugosos plátanos. El jarabe de arce aporta un toque extra de dulzor.

255 g de harina
170 g de azúcar
¾ de cucharadita de bicarbonato sódico
½ cucharadita de sal
150 g de pacanas tostadas y troceadas
4 plátanos muy maduros
60 ml de yogur natural

2 huevos ligeramente batidos
6 cucharadas de mantequilla derretida
    y enfriada, y un poco más para engrasar
1 ½ cucharaditas de extracto de vainilla
10 pacanas picadas para decorar
85 g de jarabe de arce

Precaliente el horno a 180 °C y engrase un molde rectangular de 450 g (20 × 10 cm) con un poco de mantequilla. En un cuenco grande, mezcle bien la harina, el azúcar, el bicarbonato sódico, la sal y las pacanas picadas. En un cuenco mediano, aplaste 3 plátanos y trocee 1. Añada el yogur, los huevos batidos, la mantequilla y el extracto de vainilla. Mézclelo todo bien con una cuchara de madera. Agregue los ingredientes húmedos a los secos e incorpórelo un poco. Pase la preparación al molde y decore la parte superior con los trozos de pacanas. Vierta el jarabe de arce sobre el pan. Hornéelo entre 45 y 55 minutos, hasta que esté dorado, bien cocido por dentro y, al pinchar un palillo en el centro, salga limpio. Deje que se enfríe en el molde durante 5 minutos y luego sobre una rejilla. Sírvalo templado.

Para 1 hogaza

bollos de canela

véanse variaciones en la página 68

Bollos de suero de mantequilla horneados en un molde acanalado y rociados con una mezcla de mantequilla, jarabe de arce, azúcar y pacanas. Irresistibles.

Para los bollos
255 g de harina
¼ cucharadita de bicarbonato sódico
1 cucharada de levadura en polvo
1 cucharadita de sal
6 cucharadas de mantequilla refrigerada,
**   y un poco más para engrasar**
240 ml de suero de mantequilla

Para rociarlos
3 cucharadas de mantequilla
170 g de jarabe de arce
60 g de azúcar moreno
1 cucharadita de canela
40 g de pacanas troceadas
40 g de almendras fileteadas

Engrase un molde acanalado de 25 × 8 cm. Ponga la harina, el bicarbonato sódico, la levadura en polvo y la sal en el recipiente de un robot de cocina. Corte la mantequilla en trozos pequeños y añádalos a la mezcla de harina. Bátalo todo hasta que la preparación parezca pan rallado. Vierta el suero de mantequilla y vuelva a batir unas cuantas veces, hasta que se mezcle bien. Si la masa no se liga, añada un poco más de suero de mantequilla y vuelva a batirla. Retire la masa del recipiente, colóquela sobre una superficie de trabajo ligeramente enharinada y aplástela con cuidado hasta que adquiera un grosor de aproximadamente 1,5 cm. No la extienda con un rodillo, ya que los panecillos quedarían duros. Debe manipular la masa lo mínimo posible, y hacerlo con cuidado. Dóblela cuatro o cinco veces y vuelva a aplastarla hasta formar un círculo de 2,5 cm de grosor. Con un cortapastas liso o acanalado de 5 cm de diámetro, corte unos 10 bollos, colóquelos sobre la placa del horno y consérvelos en el frigorífico.

Precaliente el horno a 190 °C. En un cazo a fuego lento, derrita la mantequilla y el jarabe. Deje que se enfríe un poco el líquido. En un cuenco pequeño, mezcle el azúcar moreno con la canela y los frutos secos. Vierta la mitad de la preparación de mantequilla y sirope en el fondo del molde acanalado y espolvoree por encima

la mitad de la mezcla de frutos secos y azúcar moreno. Coloque los bollos crudos en el molde ligeramente solapados entre sí. Vierta el resto del almíbar sobre los bollos y esparza el resto de la preparación de frutos secos y azúcar. Hornee los bollos entre 25 y 30 minutos, hasta que estén dorados por encima y cocidos por dentro. Deje que se enfríen en el molde durante 2 minutos y desmóldelos sobre una fuente. Sírvalos templados.

Para 8 porciones

pan de malta con sultanas

véanse variaciones en la página 69

Está delicioso cortado en rebanadas y untado con mantequilla y miel.

1 cucharadita de azúcar
190 ml, más 1 cucharada de agua templada
2 cucharadas de levadura seca activa
450 g de harina
1 cucharadita de sal
85 g de sultanas

3 cucharadas de jarabe de cebada
  malteada
2 cucharadas de melaza o melaza negra
2 cucharadas de mantequilla, y un poco
  más para engrasar
2 cucharadas de miel para glasear

Engrase 2 moldes rectangulares de 450 g (20 × 10 cm) con un poco de mantequilla. En un cuenco mediano, disuelva el azúcar en el agua templada, añada la levadura y deje que la mezcla repose hasta que esté espumosa (entre 10 y 15 minutos). En un cuenco grande, tamice la harina y la sal. Añada las sultanas. Reserve la preparación. Caliente el almíbar de cebada malteada, la melaza y la mantequilla en una cacerola pequeña a fuego lento. Deje que se enfríe un poco el líquido y viértalo sobre la mezcla de harina. Incorpore todo bien hasta que se forme una masa. Si esta queda demasiado seca, agregue un poco más de agua; si queda demasiado húmeda, añada un poco más de harina. Pase la masa a una superficie de trabajo ligeramente enharinada y amásela entre 8 y 10 minutos, hasta que esté blanda, uniforme y elástica.

Divida la masa en dos mitades, aplástelas hasta que tengan la misma anchura que los moldes y enróllelas como si fueran brazos de gitano. Coloque los rollos en los moldes. Introdúzcalos en bolsas de plástico ligeramente aceitadas y deje que la masa repose en un lugar templado durante 45 minutos, hasta que suba hasta el borde de los moldes y recupere su forma al presionar la superficie con un dedo. Precaliente el horno a 200 °C. Retire los moldes de las bolsas y hornee los panes entre 40 y 45 minutos, hasta que, al golpear las bases de los panes, suenen huecos. Desmolde los panes sobre una rejilla. Con una brocha pastelera, unte la parte superior de ambas hogazas con la miel. Deje que se enfríen.

Para 2 hogazas

rosquillas de confitura

véanse variaciones en la página 70

El sabor y la simplicidad de esta tradicional pasta de desayuno no tienen parangón.

320 g de harina de fuerza blanca
60 g de azúcar
4 cucharaditas de levadura seca activa
1 cucharadita de sal
9 cucharadas de leche entera templada
6 cucharadas de agua templada
60 g de mantequilla a temperatura ambiente

2 huevos a temperatura ambiente
    ligeramente batidos
4-5 cucharadas de confitura de fresa
    o de frambuesa
75 g de azúcar mezclado con 1 cucharadita
    de canela para rebozar
unos 2 litros de aceite de girasol para freír

Mezcle la harina y el azúcar en el recipiente de una batidora o robot. Añada la levadura a un lado del recipiente y la sal en el otro. En un cuenco mediano, mezcle bien la leche y el agua templadas y la mantequilla, hasta que esta se derrita. Haga un hueco en el centro de la preparación de harina y agregue la de leche y los huevos. Incorpore todo bien en la batidora o robot con un gancho amasador hasta que la masa esté ligada. Trabájela con las manos entre 5 y 8 minutos, hasta que esté uniforme y elástica. Pásela a un cuenco grande ligeramente aceitado y dele la vuelta para que se impregne de aceite. Cubra el cuenco y deje que la masa repose en un lugar templado durante más o menos 1 hora, hasta que doble su volumen. Forme 12 bolas con la masa y doble los bordes hacia abajo hasta que se alisen. Coloque las rosquillas bastante separadas entre sí sobre una placa para el horno ligeramente enharinada. Deje que fermenten durante 45 minutos. Haga un agujero a un lado de cada rosquilla con el mango de una cuchara de madera y llénelo con ½ cucharadita de confitura. Pellizque los bordes del agujero con los dedos para sellarla. Llene dos tercios de una cacerola grande con aceite. Cuando alcance 157 °C, fría las rosquillas por tandas durante 3 minutos por cada lado, dándoles la vuelta con cuidado. Deje que se escurran sobre papel de cocina y rebócelas con el azúcar y la canela hasta recubrirlas por completo.

Para 12 rosquillas

pan relleno de albaricoques y canela

véanse variaciones en la página 71

Al cortarlo en rebanadas, este pan muestra el delicioso almíbar de canela, azúcar moreno y confitura de albaricoques.

1 cucharadita y 3 cucharadas más de azúcar
160 ml de agua templada
2 cucharaditas de levadura seca activa
450 g de harina
2 cucharaditas de sal
2 huevos batidos

el zumo y la ralladura de 1 naranja
5 cucharaditas de confitura de albaricoque
1 cucharada de canela
85 g de azúcar moreno
aceite para engrasar

Engrase dos moldes rectangulares de 450 g (20 × 10 cm) con un poco de aceite. Disuelva 1 cucharadita de azúcar en el agua templada, espolvoree la levadura por encima y deje que el líquido repose entre 10 y 15 minutos, hasta que esté espumoso. En un cuenco grande, mezcle la harina, la sal y 3 cucharadas de azúcar. Añada la preparación de levadura, los huevos, el zumo y la ralladura de naranja. Incorpore todo bien hasta que se forme una masa dura. Pásela a una superficie de trabajo ligeramente enharinada y amásela durante 10 minutos, hasta que esté uniforme y elástica. Colóquela en un cuenco grande un poco aceitado y dele la vuelta hasta que esté impregnada de aceite. Cubra el cuenco y deje que la masa repose en un lugar templado 1 ½ horas, hasta que doble su volumen. Póngala sobre una superficie de trabajo ligeramente enharinada y aplástela con los puños. Amásela unos minutos, hasta que esté bien firme. Extiéndala para formar dos rectángulos de 15 × 33 cm. Unte los dos rectángulos con la mermelada de albaricoque y espolvoree con el azúcar moreno y la canela. Enrolle los rectángulos para formar dos brazos de gitano y colóquelos en los moldes. Deje que reposen en un lugar templado unos 30 minutos, hasta que doblen su volumen. Precaliente el horno a 200 °C. Hornee los panes entre 30 y 35 minutos, hasta que se doren por encima y, al golpear la base de las hogazas, suenen huecas. Deje que el pan se enfríe sobre una rejilla.

Para 2 hogazas

pan al café con chocolate y pistachos

véanse variaciones en la página 72

Este pan con chocolate con un toque de café le ayudará a activarse de buena mañana.
Los pistachos que lo adornan le dan un toque crujiente.

190 g de harina
45 g de cacao en polvo sin edulcorar
2 cucharaditas de levadura en polvo
½ cucharadita de sal
1 cucharada de café instantáneo
2 huevos a temperatura ambiente
200 g de azúcar

125 ml de aceite de girasol
250 g de yogur griego
1 cucharadita de extracto de vainilla
115 g, y 4 cucharaditas más de pistachos
    pelados y troceados
mantequilla para engrasar

Precaliente el horno a 180 °C y engrase un molde rectangular de 450 g (20 × 10 cm) con un poco de mantequilla.
Espolvoree un poco con harina el interior de una cacerola. En un cuenco pequeño, tamice la harina, el cacao
en polvo, la levadura en polvo y la sal. Añada el café instantáneo y reserve la preparación. En un cuenco grande,
y con una batidora eléctrica a velocidad media, bata los huevos y el azúcar hasta que la mezcla esté uniforme.
Agregue el aceite, el yogur y el extracto de vainilla. Vuelva a incorporar bien todo. Añada la preparación
de harina y la mitad de los pistachos. Vierta la masa en el molde, alise la superficie y esparza el resto de los
pistachos por encima. Hornee el pan entre 45 y 50 minutos, hasta que la superficie esté seca y, al pinchar
un palillo en el centro, salga limpio. Deje que el pan se enfríe en el molde durante 10 minutos, desmóldelo
sobre una rejilla y deje que se enfríe. Sírvalo templado o a temperatura ambiente.

Para 1 hogaza

cruasanes ligeros y hojaldrados

véanse variaciones en la página 73

Esta es una versión simplificada del cruasán convencional, pero aun así se necesita bastante tiempo para prepararlos. Es recomendable empezar un día antes y conservarlos en el frigorífico. Al día siguiente, se sacan de la nevera y se dejan reposar 1 hora, hasta que doblen su tamaño, antes de hornearlos.

60 g, y 1 cucharadita más
    de azúcar
240 ml de leche templada
2 cucharaditas de levadura
    seca activa
510 g de harina de fuerza blanca

1 huevo a temperatura ambiente
    ligeramente batido
100 g de mantequilla ablandada
    (pero no derretida)
200 g de mantequilla muy fría
1 cucharadita de sal

Para el glaseado
1 cucharadita de azúcar
2 cucharaditas de agua
1 huevo a temperatura ambiente
    ligeramente batido

Disuelva el azúcar en la leche templada, espolvoree la levadura por encima y deje que el líquido repose entre 10 y 15 minutos, hasta que esté espumoso. Añada 100 g de harina y bátalo bien todo. Agregue la cucharadita de azúcar restante y el huevo. Bátalo de nuevo hasta que la preparación esté uniforme. Incorpore la mantequilla ablandada, bata y reserve la mezcla. Ponga el resto de la harina y la sal en el recipiente de un robot de cocina. Añada la mantequilla fría, cortada en dados pequeños, y mézclelo bien, hasta que los trozos de mantequilla tengan el tamaño de guisantes. La idea es conseguir una masa blanda sin que se derritan los trozos de mantequilla, por lo que deberá estar muy fría. Vierta la preparación de harina y mantequilla en un cuenco grande y agregue la de leche y la levadura. Mézclelo todo bien hasta que la preparación esté húmeda. Cubra el cuenco y resérvelo en el frigorífico durante 2 horas. Retire el cuenco de la nevera, pase la masa a una superficie de trabajo ligeramente enharinada y amásela un poco. Extiéndala hasta formar un rectángulo de 45 × 30 cm. Doble la masa en tres partes lo más rápidamente posible, con el tercio inferior hacia arriba y el superior sobre el inferior. Coloque la masa en una bolsa de plástico engrasada y vuelva a introducirla en el frigorífico durante 1 hora. Repita el proceso de estirar, doblar y refrigerar la masa otras dos veces. Puede conservarla en el frigorífico durante toda la noche.

Divídala en cuatro partes. Conserve tres en el frigorífico. Extienda la cuarta hasta formar un rectángulo del mismo tamaño que el anterior. Córtelo en dos tiras y cada una de ellas en seis triángulos. Sujete la base más ancha del triángulo con una mano y tire del otro extremo para tensar un poco la masa. Enróllelo para formar un cruasán. Puede dejar las puntas rectas o curvarlas un poco para que tengan un aspecto más tradicional. Colóquelo sobre una placa para el horno enharinada y cúbralo. Repita el proceso con el resto de la masa. Deje que los cruasanes reposen a temperatura ambiente hasta que doblen su volumen. Este proceso puede prolongarse hasta 2 horas. Precaliente el horno a 200 °C. Para preparar el glaseado, mezcle el azúcar y el agua, y después añada el huevo. Destape los cruasanes, úntelos con la mezcla de huevo e introdúzcalos en el horno. Baje inmediatamente la temperatura a 180 °C y hornéelos entre 15 y 20 minutos, hasta que estén dorados y bien cocidos por dentro. Sírvalos templados.

Para 24 cruasanes

brioche

véanse variaciones en la página 74

Necesitará doce moldes para *brioche* de 7 cm para preparar estos deliciosos bollos dulces.

250 g de harina de fuerza blanca
½ cucharadita de sal
1 cucharada de azúcar
3 cucharadas de agua templada
2 cucharaditas de levadura seca activa

2 huevos a temperatura ambiente ligeramente
    batidos, y un poco más para pincelar
2 cucharaditas de mantequilla derretida
aceite para untar

Tamice la harina y la sal en un cuenco grande. Disuelva el azúcar en el agua templada, espolvoree la levadura por encima y deje que el líquido repose entre 10 y 15 minutos, hasta que esté espumoso. Haga un hueco en el centro de la harina y añada la preparación de levadura, los huevos y la mantequilla derretida. Con una cuchara de madera, bata la masa hasta que deje de pegarse a los bordes del cuenco. Póngala sobre a una superficie ligeramente enharinada y amásela durante 5 minutos. Ponga la masa en un cuenco grande un poco aceitado y dele la vuelta para que se impregne de aceite. Cubra el cuenco y deje que la masa repose a temperatura ambiente como mínimo 1 hora, hasta que doble su volumen. Coloque la masa sobre una superficie de trabajo ligeramente enharinada y vuelva a amasarla hasta que esté uniforme. Forme un cilindro largo con ella y córtelo en 12 porciones. Unte los moldes para *brioche* con aceite. Forme bolas con tres cuartas partes de cada trozo de cilindro y colóquelas en los moldes. Haga un hueco en el centro con un dedo enharinado hasta que toque la base del molde. Forme bolas con el resto de la masa e introdúzcalas en los huecos. Presione ligeramente las bolas para que se peguen. Cuando termine con los 12 *brioches*, coloque los moldes en una placa para el horno, tápelos y deje que la masa repose hasta que alcance el borde de los moldes. Precaliente el horno a 230 °C. Destape los *brioches*, unte la parte superior con el huevo y hornéelos durante 10 minutos, hasta que se doren. Desmóldelos y deje que se enfríen sobre una rejilla.

Para 12 brioches

pan de chocolate y mantequilla de cacahuete

véanse variaciones en la página 75

Este pan es perfecto para desayunar los fines de semana: córtelo en rebanadas, tuéstelo y úntelo con mantequilla.

320 g de harina
1 cucharadita de levadura
 en polvo
1 cucharadita de bicarbonato
 sódico
½ cucharadita de sal
60 g de pepitas de chocolate
 negro
60 g de pepitas de mantequilla
 de cacahuete

2 plátanos medianos
 aplastados
180 g de mantequilla
 de cacahuete cremosa
100 g de azúcar
85 g de azúcar moreno
2 huevos a temperatura
 ambiente
1 cucharadita de extracto de
 vainilla

120 ml de leche entera
30 g de cacao en polvo
 sin edulcorar
mantequilla para engrasar

Para decorar
2 cucharadas de pepitas
 de chocolate
2 cucharadas de pepitas de
 mantequilla de cacahuete

Precaliente el horno a 180 °C, engrase un molde rectangular de 450 g (20 × 10 cm) con un poco de mantequilla y enharínelo. Tamice la harina, la levadura en polvo, el bicarbonato sódico y la sal en un cuenco mediano. Añada las pepitas de chocolate y de mantequilla de cacahuete, y remueva bien. Bata en el recipiente de una batidora a media potencia los plátanos y la mantequilla de cacahuete hasta que la preparación esté cremosa. Agregue los dos tipos azúcar. Bátalo todo 1 minuto más. Incorpore los huevos, de uno en uno, y la vainilla. Bátalo todo bien hasta que la mezcla esté uniforme. Con la batidora a baja potencia, vaya añadiendo la preparación de harina, alternándola con la leche. Bata hasta que todo se mezcle bien. Pase la mitad de la masa a otro cuenco y agregue el cacao en polvo previamente tamizado. Remueva la masa hasta que el cacao se incorpore. Vierta las dos masas en el molde a cucharadas, alternando una cucharada de masa con chocolate y otra de masa básica. A continuación, trace un remolino con un cuchillo. Esparza las pepitas de chocolate y de mantequilla de cacahuete por encima. Hornee el pan aproximadamente 1 hora, hasta que se dore, aumente su volumen y, al pinchar un palillo en el centro, este salga limpio. Retire el pan del horno y deje que se enfríe en el molde 10 minutos. Desmóldelo sobre una rejilla antes de cortarlo en rebanadas.

Para 1 hogaza

pan de arándanos, pasas y avellanas

véanse variaciones en la página 76

Este pan esponjoso, con un delicado toque de naranja, está relleno de deliciosos frutos secos.

255 g de harina
1 ½ cucharaditas de levadura en polvo
1 cucharadita de bicarbonato sódico
½ cucharadita de sal
85 g de avellanas tostadas y picadas
85 g de arándanos deshidratados

85 g de pasas
60 ml de aceite de girasol
1 huevo a temperatura ambiente
180 ml de zumo de naranja
170 g de azúcar
mantequilla para engrasar

Precaliente el horno a 180 °C y engrase un molde rectangular de 450 g (20 × 10 cm) con un poco de mantequilla. Enharínelo ligeramente. Tamice la harina, la levadura en polvo, el bicarbonato sódico y la sal en un cuenco grande. Añada las avellanas, los arándanos y las pasas. Remueva hasta que los frutos se enharinen bien.

En un cuenco pequeño, bata el aceite y el huevo. En otro, mezcle el zumo de naranja y el azúcar. Haga un hueco en el centro de la harina y vierta la preparación de huevo y de zumo. Mézclelo todo rápidamente hasta que se empiece a formar una masa. Póngala en el molde y hornéela entre 50 y 55 minutos, hasta que el pan se dore y, al pinchar un palillo en el centro, este salga limpio.

Para 1 hogaza

damper australiano

véanse variaciones en la página 77

Este pan tradicional australiano se suele cocer sobre una hoguera, pero no hay nungún problema en usar un horno convencional.

510 g de harina con levadura
½ cucharadita de sal

355 ml de leche
aceite para engrasar

Precaliente el horno a 220 °C y engrase un molde redondo de 20 cm de diámetro con un poco de aceite. Tamice la harina y la sal en un cuenco grande y haga un hueco en el centro. Añada la leche y mézclelo todo bien, hasta que se forme una masa blanda pero no pegajosa. Si la masa queda demasiado seca, agregue un poco más de leche; si está demasiado húmeda, incorpore un poco más de harina.

Pase la masa al molde y realice un corte con forma de cruz. Hornee el pan unos 30 minutos, hasta que se dore y, al golpearlo en la base, suene hueco.

Para 1 hogaza

variaciones

pan con pacanas y jarabe de arce

véase la receta básica en la página 51

pan con pacanas, jarabe de arce y glaseado de bourbon
Prepare la receta básica. Bata 3 cucharadas de mantequilla derretida, 2 o 3 cucharaditas de bourbon y 125 g de azúcar de lustre tamizado. Añada leche hasta que obtenga un glaseado denso y extiéndalo sobre el pan ya enfriado. Esparza unos trozos de jengibre confitado por encima.

pan con pacanas y melocotón
Prepare la receta básica, pero sustituya los 2 plátanos por 2 melocotones frescos troceados.

pan con zanahoria, canela y frutos secos
Prepare la receta básica, pero sustituya los 3 plátanos y las pacanas por 180 g de zanahorias ralladas y 125 g de nueces picadas. Añada 1 cucharadita de canela a la mezcla.

pan con pacanas y jarabe de arce recubierto de *streusel*
Prepare la receta básica, pero prescinda de las pacanas para decorar. En un cuenco mediano, mezcle 75 g de azúcar moreno, 2 cucharadas de harina, 1 cucharada de mantequilla derretida y 40 g de pacanas troceadas. Esparza la preparación sobre la masa antes de hornearla.

variaciones

bollos de canela

véase la receta básica en la página 52

bollos de jengibre y pistachos

Prepare la receta básica, pero sustituya la canela y las almendras por jengibre molido y pistachos picados.

bollos de manzana y canela

Prepare la receta básica. Mientras elabora el almíbar, añada a la cacerola dos manzanas peladas, sin corazón y bien troceadas. Cueza a fuego lento durante 3 minutos. Deje que el sirope se enfríe y siga los pasos de la receta básica.

bollos de cerezas y almendras

Prepare la receta básica, pero sustituya las pacanas por cerezas deshidratadas.

bollos de manzana y pasas

Prepare la receta básica, pero añada 2 manzanas peladas, sin corazón y bien troceadas al almíbar como en los bollos de manzana y canela. Sustituya las pacanas y las almendras por 125 g de pasas.

variaciones

pan de malta con sultanas

véase la receta básica en la página 54

pan de malta con cerezas y nueces de macadamia
Prepare la receta básica, pero sustituya las sultanas por 85 g de cerezas deshidratadas y 40 g de nueces de macadamia troceadas.

pan de malta con coco y piña
Prepare la receta básica, pero sustituya las sultanas por 25 g de coco rallado y 60 g de piña confitada o liofilizada.

pan de malta con arándanos y glaseado de chocolate blanco
Prepare la receta básica, pero sustituya las sultanas por arándanos secos. En un cuenco apto para el microondas, derrita 40 g de chocolate blanco troceado a media potencia. Añada 3 cucharadas de azúcar de lustre y la cantidad suficiente de vainilla líquida para aromatizar café y obtener un glaseado ligeramente líquido. Rocíelo sobre el pan enfriado.

pan de malta con jengibre
Prepare la receta básica, pero añada 1 cucharadita de jengibre molido y 40 g de trozos de jengibre confitado a la harina.

variaciones

rosquillas de confitura

véase la receta básica en la página 55

palitos de rosquilla con salsa de chocolate

Prepare la receta básica. En lugar de formar bolas con la masa, haga palitos. Siga las instrucciones de la receta básica. Mezcle 75 g de pepitas de chocolate negro, 2 cucharadas de pepitas de chocolate con leche, 1 cucharada de jarabe de melaza dorado y 160 ml de crema de leche espesa en un cazo a fuego lento hasta que el chocolate se derrita y la salsa esté uniforme. Sirva los palitos de rosquilla acompañados de la salsa de chocolate.

rosquillas de confitura de fresa con chocolate blanco

Prepare la receta básica. Rellene las rosquillas con confitura de fresa. Mezcle 125 g de azúcar de lustre tamizado con la cantidad justa de leche para obtener un glaseado uniforme y muy denso. Añada ½ cucharadita de glicerina (conserva el glaseado blando) y un poco de colorante alimentario rosa. Extienda el glaseado sobre las rosquillas mientras todavía estén templadas. Esparza unas pepitas de chocolate blanco por encima.

rosquillas de confitura con nata

Prepare la receta básica. Corte la rosquilla por la mitad en horizontal. Unte una mitad con confitura de fresa y nata montada y cúbrala con la otra.

rosquillas de cerezas y vainilla glaseadas

Prepare la receta básica, pero utilice confitura de cerezas negras. Cubra las rosquillas con glaseado blando (*véase* pág. 236), y agregue 1 cucharadita de extracto de vainilla.

variaciones

pan relleno de albaricoques y canela

véase la receta básica en la página 56

pan relleno de albaricoques, canela y pasas
Prepare la receta básica, pero añada 340 g de pasas al cuenco con la harina.

pan relleno de albaricoques y canela con glaseado de confitura de naranja
Prepare la receta básica. Caliente 250 g de confitura de naranja y 2 cucharadas de agua en un cazo hasta que la mezcla sea lo bastante líquida para untar con ella el pan caliente.

pan relleno de aceitunas y anchoas
Prepare la receta básica, pero prescinda de las 3 cucharadas de azúcar y de la naranja. Sustituya el relleno por un manojo pequeño de albahaca (retire los tallos más gruesos), 340 g de aceitunas negras sin hueso, 4 anchoas en conserva y 5 cucharadas de aceite de oliva, triturados en el robot de cocina o una batidora de mano.

pan relleno de queso y ajo
Prepare la receta básica, pero prescinda de las 3 cucharadas de azúcar y de la naranja. Sustituya el relleno por 110 g de mantequilla mezclada con 3 dientes de ajo majados, 120 g de queso mozzarella rallado y 120 g de queso cheddar rallado.

variaciones

pan al café con chocolate y pistachos

véase la receta básica en la página 59

pan al café con chocolate, pistachos y glaseado de café
Prepare la receta básica. Para el glaseado, bata 115 g de azúcar de lustre con la cantidad justa de café intenso para obtener un glaseado uniforme. Úntelo sobre el pan todavía templado.

pan al café con chocolate, pistachos y caramelo
Prepare la receta básica, pero añada 55 g de pepitas de caramelo a los pistachos.

pan al café con pistachos y granos de café
Prepare la receta básica, pero agregue 85 g de granos de café recubiertos de chocolate (cortados por la mitad) a los pistachos.

pan al café con chocolate y avellanas
Prepare la receta básica, pero sustituya los pistachos por avellanas tostadas y picadas.

variaciones

cruasanes ligeros y hojaldrados

véase la receta básica en la página 60

cruasanes de almendras
Prepare la receta básica. Antes de enrollar los cruasanes, úntelos con *frangipane* (mezcle 60 g de mantequilla con 50 g de azúcar, 1 huevo, 30 g de harina, ¼ de cucharadita de levadura en polvo, 50 g de almendras molidas y ½ cucharadita de extracto de almendras). Enróllelos como se indica en la receta básica.

cruasanes de chocolate
Prepare la receta básica. Justo antes de enrollar los cruasanes, coloque un trocito cuadrado de chocolate en el borde más ancho del triángulo.

cruasanes de olivada, tomillo y queso de cabra
Prepare la receta básica. Para el relleno, mezcle 85 g de queso de cabra, 40 g de aceitunas negras deshuesadas picadas y ½ cucharadita de tomillo seco. Unte los cruasanes con el relleno justo antes de enrollarlos.

cruasanes de chocolate y avellanas
Prepare la receta básica. Unte los cruasanes con crema de chocolate y avellanas justo antes de enrollarlos.

variaciones

brioche

véase la receta básica en la página 62

brioche de limón y pasas
Prepare la receta básica, pero añada la ralladura de 1 limón y 85 g de pasas a la harina.

brioche de pepitas de chocolate y naranja
Prepare la receta básica, pero agregue 75 g de pepitas de chocolate negro, 1 cucharada de extracto de naranja puro y la ralladura de 1 naranja a la mezcla de harina y huevo.

trenza de *brioche* con tabletas de chocolate
Prepare la receta básica. Estire la masa hasta formar un rectángulo de 38 × 23 cm y coloque una tira de tabletas de chocolate (como, por ejemplo, Snickers) a lo largo del centro del rectángulo. Haga cortes diagonales entre el chocolate y el borde de la masa hacia los lados del rectángulo y doble las tiras de masa sobre las tabletas de chocolate, a modo de enrejado. Unte con clara de huevo y hornéelo en el horno precalentado a 190 °C entre 20 y 25 minutos, hasta que la masa se dore.

brioche de canela y cerezas
Prepare la receta básica, pero añada 2 cucharaditas de canela y 85 g de cerezas deshidratadas al cuenco con la harina.

variaciones

pan de chocolate y mantequilla de cacahuete

véase la receta básica en la página 63

pan de chocolate y mantequilla de cacahuete con glaseado de chocolate
Prepare la receta básica, pero prescinda de los ingredientes de la cobertura. Elabore el glaseado. Coloque un cuenco sobre una cacerola con agua apenas agitándose y derrita 60 g de chocolate con leche con 1 cucharada de leche. Remueva el chocolate hasta que adquiera un textura uniforme, deje que se enfríe y unte con él el pan (no debe estar caliente).

pan de chocolate blanco y mantequilla de cacahuete
Prepare la receta básica, pero sustituya las pepitas de chocolate negro por pepitas de chocolate blanco.

pan de chocolate, pasas y mantequilla de cacahuete
Prepare la receta básica, pero añada 85 g de pasas a la harina.

pan de chocolate con calabacín
Prepare la receta básica, pero sustituya los plátanos, las pepitas de mantequilla de cacahuete y la mantequilla de cacahuete por 175 g de calabacín rallado y 50 g de pepitas de chocolate con leche.

variaciones

pan de arándanos, pasas y avellanas

véase la receta básica en la página 65

pan de cerezas, pasas y nueces de macadamia
Prepare la receta básica, pero sustituya los arándanos y las avellanas por cerezas deshidratadas y nueces de macadamia picadas.

pan de frambuesas, pasas y nueces
Prepare la receta básica, pero sustituya los arándanos y las avellanas por frambuesas frescas y nueces picadas.

pan de mango, pasas y pacanas
Prepare la receta básica, pero sustituya los arándanos y las avellanas por mango fresco troceado y pacanas picadas.

pan de arándanos, sultanas y pepitas de chocolate blanco
Prepare la receta básica, pero sustituya las pasas y las avellanas por sultanas y pepitas de chocolate blanco.

variaciones

damper australiano

véase la receta básica en la página 66

damper australiano con suero de mantequilla, pasas y sultanas
Prepare la receta básica, pero sustituya 120 ml de leche por la misma cantidad de suero de mantequilla. Añada 125 g de pasas y otro tanto de sultanas al cuenco con la harina.

damper australiano con almendras
Prepare la receta básica, pero agregue 60 g de almendras picadas al cuenco con la harina.

damper australiano con mozzarella
Prepare la receta básica. Ponga en el molde la mitad de la masa, coloque un trozo de mozzarella de 60 g sobre la masa y cúbralo con el resto de la masa. Hornee el pan como se indica en la receta básica.

damper australiano con ajo y albahaca
Prepare la receta básica, pero añada 2 dientes de ajo y 15 g de albahaca picados al cuenco con la harina.

panes para la hora del té o del café

Ya sea a media mañana o a media tarde,

la ligera sensación de hambre es la misma.

En este capítulo encontrará recetas rápidas

y consistentes que le ayudarán a matar

el gusanillo hasta la próxima comida.

crumpets

véanse variaciones en la página 99

Para preparar estos sabrosos tentempiés necesitará anillos para *crumpets* o cortapastas metálicos redondos. Primero tueste el lado liso y después el de las burbujas. Finalmente, úntelos con mantequilla.

450 g de harina
355 ml de leche entera templada
355 ml de agua templada
2 cucharaditas de levadura seca activa

2 cucharaditas de azúcar
2 cucharaditas de sal
½ cucharadita de bicarbonato sódico
aceite de girasol para engrasar

En un cuenco grande, bata la harina, la leche, el agua templada, la levadura y el azúcar hasta que obtenga una masa líquida de la consistencia de la crema ligera. Forre el cuenco con film transparente y deje que la preparación repose a temperatura ambiente hasta que esté muy burbujeante (1 hora o más).

Caliente una sartén de base gruesa o una plancha lisa a fuego medio-alto. Incorpore la sal y el bicarbonato sódico a la masa. Engrase los anillos y la sartén con un poco de aceite de girasol. Coloque un anillo en la sartén y llénelo con masa justo hasta debajo del borde superior. Si el líquido se escapa por la base del anillo, añada un poco más de harina a la masa, ya que eso significa que está demasiado líquida. Si no se forman multitud de agujeros en un minuto o dos, agregue un poco más de agua a la masa, puesto que está demasiado densa. Transcurridos 4 o 5 minutos, cuando la masa tenga la consistencia adecuada, dé la vuelta los *crumpets* para que se cuezan por el otro lado durante 2 o 3 minutos. Si se doran demasiado en muy poco tiempo, baje un poco el fuego. Repita el proceso con el resto de la masa. Sirva los *crumpets* inmediatamente o deje que se enfríen sobre una rejilla y tuéstelos antes de servirlos.

Para 12 crumpets

sally lunn

véanse variaciones en la página 100

Se trata de un bollo típico de Bath, inventado por una mujer francesa en el siglo XVII en este lugar, al sudeste de Inglaterra.

205 ml, y 2 cucharadas más de leche entera
    templada
50 g de mantequilla, y un poco más para engrasar
2 cucharaditas, y 1 cucharada más de azúcar
2 cucharaditas de levadura seca activa

450 g de harina de fuerza blanca
1 cucharadita de sal
2 huevos a temperatura ambiente
    ligeramente batidos
1 cucharada de agua

Engrase dos moldes redondos de 15 cm con un poco de mantequilla. En un cazo a fuego suave, caliente la leche y la mantequilla hasta que esta se derrita. Disuelva 2 cucharaditas de azúcar en la leche caliente, espolvoree la levadura por encima y deje que el líquido repose durante 15 minutos, hasta que esté espumoso. En un cuenco grande, tamice la harina y la sal. Haga un hueco en el centro y añada la preparación de levadura y los huevos. Incorpore poco a poco la harina al líquido hasta que se forme una masa y deje de pegarse en los bordes del cuenco. Ponga la masa en una superficie de trabajo ligeramente enharinada y amásela unos 10 minutos, hasta que esté blanda, uniforme y elástica. Divídala en dos porciones, forme una bola con cada una y colóquela en cada molde. Introduzca cada uno de ellos en una bolsa de plástico engrasada y deje que repose durante más o menos 1 hora, hasta que suba y casi sobresalga del molde. Precaliente el horno a 230 °C y hornee el pan entre 15 y 20 minutos, hasta que se dore o suene hueco al golpearlo en la base. Mientras el pan se está cociendo, prepare el glaseado. Caliente el azúcar restante y el agua en un cazo a fuego lento hasta que el azúcar se disuelva. Suba el fuego a medio alto, lleve el líquido a ebullición y deje que hierva durante 1 o 2 minutos. Retire los bollos del horno, desmóldelos sobre una rejilla, deje que se enfríe y unte la parte superior con el almíbar de azúcar mientras todavía estén templados.

Para 2 hogazas

pan de manzana y pasas

véanse variaciones en la página 101

Se trata de un sabroso pan otoñal endulzado con manzana y sultanas y coronado con
manzana caramelizada.

125 g y 2 cucharadas de mantequilla, y un poco más para engrasar	2 manzanas peladas y sin corazón	1 cucharadita de jengibre molido
125 g de azúcar moreno	2 huevos a temperatura ambiente ligeramente batidos	2 cucharaditas de bicarbonato sódico
255 g de sultanas	285 g de harina	½ cucharadita de levadura en polvo
160 ml de zumo de manzana	1 cucharadita de canela	2 cucharaditas de zumo de limón
		2 cucharaditas de jarabe de arce

Precaliente el horno a 180 °C. Engrase un molde rectangular de 900 g (23 × 13 cm) con un poco de mantequilla
y forre la base con papel sulfurizado. En un cazo pequeño, caliente la mantequilla, el azúcar, las sultanas y el
zumo de manzana a fuego lento hasta que la mantequilla se derrita. Vierta la mezcla en un cuenco mediano
y deje que se enfríe. Trocee una de las manzanas y añádala al cuenco con los huevos batidos. Tamice después,
sobre la preparación de manzana, la harina, la canela, el jengibre, el bicarbonato sódico y la levadura en polvo.
Remueva un poco la mezcla rápidamente hasta que se una todo. Vierta la preparación en el molde y nivele
la superficie.

Para elaborar la cobertura, corte la otra manzana en rodajas, rocíelas con el zumo de limón y colóquelas
sobre la masa. Hornee el pan entre 45 y 50 minutos, hasta que, al pinchar un palillo en el centro, este salga
limpio. A media cocción, abra el horno y cubra el pan con papel de aluminio si las manzanas se están dorando
demasiado. Deje que se enfríe en el molde durante 10 minutos antes de desmoldarlo sobre una rejilla
para que se enfríe por completo. Mientras todavía esté templado, unte la parte superior con jarabe de arce.
Sírvalo templado o frío.

Para 1 hogaza

pastas de té de chocolate blanco y cerezas

véanse variaciones en la página 102

Aunque estrictamente hablando no se trate de un pan, estas pastas de té le alegrarán la tarde. Son divinas.

515 g de harina
1 cucharada de levadura en polvo
¼ de cucharadita de sal
50 g de azúcar
170 g de cerezas deshidratadas

100 g de chocolate blanco troceado
475 ml de crema de leche espesa
leche para untar
azúcar grueso para espolvorear

Precaliente el horno a 220 °C y forre una placa para el horno con papel sulfurizado. En un cuenco mediano, tamice la harina, la levadura en polvo y la sal. Añada el azúcar, las cerezas y el chocolate blanco. Mézclelo todo bien. Vierta la crema y remueva la preparación hasta que se forme una masa. En una superficie ligeramente enharinada, amásela un poco y aplástela con suavidad hasta que tenga unos 2,5 cm de grosor.

Con un cortapastas de 6,5 cm, corte 10 círculos de masa y colóquelos sobre la placa del horno. Úntelos con un poco de leche y esparza azúcar grueso por encima. Hornéelos entre 15 y 20 minutos, hasta que se doren. Deje que las pastas se enfríen sobre una rejilla y sírvalas templadas.

Para 10 pastas

panecillos de Chelsea

véanse variaciones en la página 103

Estos panecillos, rellenos de azúcar o de fruta seca, son perfectos para acompañar el café de la mañana.

½ cucharadita de azúcar disuelto en 160 ml de leche entera templada
2 cucharaditas de levadura seca activa
250 g de harina de pan blanco
½ cucharadita de sal

2 huevos a temperatura ambiente ligeramente batidos
25 g de mantequilla derretida, y un poco más para engrasar
85 g de azúcar moreno

85 g de fruta deshidratada variada
2 cucharadas de corteza de naranja confitada troceada
1 cucharadita de canela
miel para glasear
aceite para engrasar

Engrase un molde cuadrado de 20 cm con un poco de aceite. Espolvoree la levadura sobre la mezcla de leche y azúcar, incorpore 65 g de harina y deje que el líquido repose durante unos 25 minutos, hasta que esté espumoso. En un cuenco grande, tamice la sal y la harina restante, haga un hueco en el centro y vierta la preparación de levadura. Agregue los huevos y la mantequilla derretida. Mézclelo todo bien hasta que se forme una masa. Sobre la superficie de trabajo ligeramente enharinada, trabaje la masa con los nudillos 10 minutos, hasta que esté blanda, uniforme y elástica. Pásela a un cuenco grande un poco aceitado y dele la vuelta para impregnarla de aceite. Cubra el cuenco y deje que repose en un lugar templado alrededor de 1 hora, hasta que doble su volumen. Ponga la masa en una superficie de trabajo un poco enharinada y vuelva a amasarla durante 2 minutos. Extiéndala hasta formar un rectángulo de 23 × 30 cm. Úntelo con un poco de mantequilla y esparza el azúcar moreno, la fruta deshidratada, la corteza de naranja y la canela. Enrolle la masa hasta formar una especie de brazo de gitano compacto y selle bien el pliegue. Corte el rollo en 9 rebanadas y colóquelas en el molde, con el lado del corte hacia abajo. Introduzca el molde en una bolsa de plástico engrasada y deje que la masa repose unos 30 minutos, hasta que esté elástica. Precaliente el horno a 190 °C. Retire la bolsa de plástico y hornee los panecillos entre 30 y 35 minutos, hasta que se doren. Deje que se enfríen sobre una rejilla y úntelos con miel mientras todavía estén templados.

Para 9 panecillos

Kuchen alemán de manzana

véanse variaciones en la página 104

Este pan, elaborado con una masa de levadura y coronado con rodajas de manzana, se unta con mantequilla y se espolvorea con azúcar y canela.

120 ml de leche entera
225 g, y 2 cucharadas más de azúcar
60 ml de agua templada
2 cucharaditas de levadura seca activa
2 cucharadas de mantequilla ablandada
1 huevo a temperatura ambiente
255 g de harina
1 cucharadita de sal
450 g de manzanas peladas, sin corazón
    y cortadas en rodajas

Para la cobertura
225 g de azúcar
2 cucharaditas, y ½ cucharadita más
    de canela
2 cucharaditas de mantequilla ablandada,
    y un poco más para engrasar
1 yema de huevo a temperatura ambiente
60 ml de crema de leche ligera

Engrase una fuente refractaria de 33 × 23 cm con un poco de mantequilla. En un cazo, caliente la leche a fuego medio hasta que esté a punto de hervir; retírela del fuego y resérvela. Disuelva el azúcar en el agua templada, espolvoree la levadura y deje que el líquido repose entre 10 y 15 minutos, hasta que esté espumoso. Cuando la leche esté tibia, mézclela con la levadura, la mantequilla y el huevo. Bata hasta que todo se incorpore bien. Añada gradualmente la harina y la sal hasta que se forme una masa. Cubra el cuenco y deje que la masa repose hasta que doble su volumen, durante más o menos 1 hora. Ponga la masa en la fuente. Engrásese los dedos con mantequilla para que no se peguen a la masa y extiéndala por la fuente de manera uniforme. Coloque las rodajas de manzana por encima de la masa. Cubra y deje que la masa repose en un lugar templado otros 30 minutos. Precaliente el horno a 190 °C. Hornee el *kuchen* durante 20 minutos. Mezcle todos los ingredientes de la cobertura. Saque el *kuchen* del horno y vierta la cobertura por encima. Hornee entre 15 y 20 minutos más. Retírelo del horno y deje que se enfríe durante 15 minutos antes de servirlo templado.

Para 6 porciones

beignets

véanse variaciones en la página 105

Estos deliciosos buñuelos franceses se cubren de azúcar y se sirven calientes con café con leche.

2 cucharaditas de levadura seca activa
100 g de azúcar
2 cucharadas de grasa blanca vegetal
300 ml de leche entera templada
1 huevo a temperatura ambiente

570 g de harina
1 pizca de sal
azúcar de lustre para espolvorear
aceite para engrasar

En el recipiente de una batidora o robot con un gancho batidor, bata la levadura, el azúcar, la grasa vegetal y la leche. Cuando hayan transcurrido 2 o 3 minutos, añada el huevo y vuelva a batirlo todo durante 1 minuto. Agregue la harina y la sal. Bata a baja potencia hasta que la harina se incorpore y la masa empiece a formar una bola, se desprenda de los lados del recipiente y empiece a subir por el gancho amasador. Forme una bola con la masa y colóquela en un cuenco grande ligeramente aceitado. Dele la vuelta en el interior del cuenco hasta que se impregne de aceite por completo. Cubra el cuenco y deje que la masa repose en un lugar templado durante 2 horas, hasta que doble su volumen.

Precaliente una freidora a 182 °C. Coloque la masa sobre la superficie de trabajo ligeramente enharinada y aplástela hasta formar un rectángulo de unos 2,5 cm de grosor. Extiéndala con un rodillo hasta obtener un rectángulo de 31 × 25 cm y 6 mm de grosor. Con un cuchillo afilado, recorte 20 cuadrados de masa de 6,5 cm. Fríalos por tandas de 3 a 5 minutos, hasta que estén dorados y crujientes por todos los lados. Saque los buñuelos de la freidora y deje que se escurran sobre papel de cocina. Colóquelos sobre una rejilla, espolvoréelos con azúcar de lustre y sírvalos calientes o templados.

Para 20 beignets

pastas de té de Yorkshire

véanse variaciones en la página 106

La mejor forma de degustar estos pequeños bollos rellenos de pasas es cortarlos por la mitad, tostarlos y untarlos con una generosa capa de mantequilla. Disfrútelos a media mañana o a media tarde acompañados de una taza de té.

1 cucharadita, y 2 cucharadas más de azúcar
300 ml de leche entera templada
2 cucharaditas de levadura seca activa
450 g de harina de fuerza blanca

1 cucharadita de sal
2 cucharadas de mantequilla,
  y un poco más para engrasar
55 g de pasas de Corinto

Engrase una placa grande para el horno con un poco de mantequilla. En un cuenco pequeño, disuelva 1 cucharadita de azúcar en la leche templada, espolvoree la levadura y deje que el líquido repose entre 10 y 15 minutos, hasta que esté espumoso. Tamice la harina y la sal en un cuenco grande. Añada las 2 cucharadas de azúcar restantes y la mantequilla en trozos. Remuévalo todo bien hasta que la preparación parezca pan rallado. Agregue las pasas de Corinto. Haga un hueco en el centro de la mezcla de harina y vierta la levadura en su interior. Incorpore bien los ingredientes, aplastando la masa contra los lados del cuenco hasta que deje de adherirse a él. Pásela a una superficie de trabajo ligeramente enharinada y amásela durante 10 minutos, hasta que esté blanda, uniforme y elástica. Coloque la masa en un cuenco un poco aceitado y dele vueltas en su interior hasta que se impregne de aceite. Cubra el cuenco y deje que la masa repose en un lugar templado alrededor de 1 hora, hasta que doble su volumen. Póngala en una superficie de trabajo ligeramente enharinada y aplástela con los puños. Amásela 3 o 4 minutos y divídala en 6 porciones iguales. Forme una bola con cada una y extiéndalas con un rodillo hasta obtener tortitas de 1,5 cm de grosor. Colóquelas sobre la placa, separadas entre sí, y úntelas con un poco de leche. Ponga la placa en una bolsa de plástico aceitada y deje que la masa repose en un lugar templado unos 45 minutos, hasta que doble su tamaño. Precaliente el horno a 200 °C y hornee las pastas durante 20 minutos, hasta que se doren. Deje que se enfríen sobre una rejilla.

Para 6 pastas

pretzels blandos

véanse variaciones en la página 107

Los *pretzels* blandos, que se pueden comprar en los centros comerciales de Estados Unidos, son deliciosos; estos son similares, y muy fáciles de preparar.

1 cucharadita, y 100 g más de azúcar
4 cucharaditas de levadura
   seca activa
300 ml, y 1 l más de agua templada
500 g de harina

1 ½ cucharaditas de sal
1 cucharada de aceite
polenta para espolvorear
60 g de bicarbonato sódico
sal gruesa para espolvorear

Forre 3 o 4 placas grandes para el horno con papel sulfurizado y espolvoree un poco de polenta por encima. Disuelva 1 cucharada de azúcar en 300 ml de agua templada, esparza la levadura y deje que el líquido repose entre 10 y 15 minutos, hasta que esté espumoso. Mezcle la harina, los 100 g de azúcar restantes y la sal en un mismo cuenco. Haga un hueco en el centro de la harina y vierta la preparación de levadura y 1 cucharada de aceite. Incorpore todo bien hasta que se empiece a formar una masa. Amásela unos 10 minutos, hasta que esté uniforme, blanda y sedosa. Póngala en un cuenco ligeramente aceitado y dele vueltas en su interior para que se impregne de aceite. Cubra el cuenco y deje que la masa repose en un lugar templado durante más o menos 1 hora, hasta que doble su volumen. Pásela a una superficie de trabajo ligeramente enharinada, aplástela con los puños y amásela durante 1 minuto para que libere el aire. Divida la masa en 12 porciones iguales y deles forma de cilindro. Deje que reposem 10 minutos. Forme una tira larga y cilíndrica con cada porción de masa frotándola con las manos en vertical, y dele forma de *pretzel*. Coloque los *pretzels* en la placa, cúbralos con film transparente y resérvelos en el frigorífico durante 30 minutos (o toda una noche). Precaliente el horno a 200 °C. Prepare un baño de agua disolviendo el bicarbonato sódico en el resto del agua caliente en un cuenco grande. Moje los *pretzels* en el agua y vuelva a colocarlos en la placa. Espolvoree un poco de sal gruesa por encima y hornéelos durante 8 minutos. Retírelos del horno y deje que se enfríen sobre una rejilla. También puede servirlos calientes.

Para 12 pretzels

pan de mono

véanse variaciones en la página 108

Este delicioso pan, que se separa en porciones y que está cubierto de un glaseado de naranja, es el preferido de mi amigo y vecino Alli. Suele cocinarse en un molde tubular, pero yo prefiero usar uno redondo convencional.

Para el glaseado	Para la masa	Para el glaseado
5 cucharadas de mantequilla	1 cucharadita de azúcar	1 cucharada de canela
3 cucharadas de zumo de naranja	300 ml de leche entera	200 g de azúcar
40 g de azúcar moreno	2 cucharaditas de levadura seca instantánea	
	450 g de harina de fuerza blanca	aceite para engrasar
	1 cucharadita de sal	

Engrase un molde redondo grande (preferiblemente no desmontable, ya que la masa podría filtrarse) con un poco de aceite. Para preparar el glaseado, derrita la mantequilla en un cazo a fuego medio con el zumo de naranja. Añada el azúcar moreno y remueva hasta que se disuelva. En un cuenco pequeño, mezcle la canela y el azúcar para glasear el pan.

Para preparar la masa, disuelva el azúcar en la leche templada, espolvoree la levadura por encima y deje que el líquido repose entre 10 y 15 minutos, hasta que esté espumoso. Mezcle la harina y la sal en un cuenco grande. Haga un hueco en el centro, añada la levadura e incorpore todo bien hasta que se forme una masa blanda. Si queda demasiado seca, agregue un poco más de agua; si queda demasiado húmeda, ponga un poco más de harina. Ponga la masa en una superficie de trabajo ligeramente enharinada y amásela unos 10 minutos, hasta que esté blanda, uniforme y elástica. Forme un cilindro grueso con la masa y córtelo en unas 32 porciones. Haga rápidamente bolas con ellas. Humedezca las bolas en el glaseado y después rebócelas en el azúcar con canela. Empiece a colocar las bolas en el molde, formando capas. Deje espacio suficiente en la capa inferior para que las bolas puedan aumentar de tamaño al fermentar. Debe colocarlas relativamente cerca las unas

de las otras, pero sin que lleguen a tocarse. En cada una de las capas, ponga las bolas de modo que encajen en los espacios vacíos de la capa anterior. Una vez que las haya colocado todas, vierta el glaseado sobrante por encima y esparza también el azúcar con canela restante. Cubra el pan y deje que repose a temperatura ambiente alrededor de 1 ½ horas, hasta que doble su tamaño. Precaliente el horno a 170 °C. Destape el pan y hornéelo entre 25 y 30 minutos, hasta que se dore. Deje que se enfríe en el molde durante 5 minutos y desmóldelo sobre una fuente. Tenga cuidado con el almíbar caliente. Deje que se enfríe un poco antes de servirlo.

Para 6 porciones

panecillos de Devonshire

véanse variaciones en la página 109

Como los *scones* de Devonshire, estos panecillos están rellenos de nata y confitura de fresa.

450 g de harina
½ cucharadita de sal
1 cucharadita de azúcar
60 ml de leche templada
4 cucharaditas de levadura seca activa

1 cucharada de mantequilla
60 ml de agua templada
aceite para engrasar
confitura de fresa
nata montada o crema de leche espesa

Engrase dos placas para el horno grandes con un poco de aceite. Mezcle la harina y la sal en un cuenco grande. Disuelva el azúcar en la leche templada, espolvoree la levadura por encima y deje que el líquido repose durante 15 minutos, hasta que esté espumoso. Derrita la mantequilla en el agua caliente. Haga un hueco en el centro de la harina y añada la levadura y la preparación de mantequilla. Mézclelo todo hasta que se forme una masa. Amásela durante 10 minutos, hasta que esté blanda, uniforme y elástica. Colóquela en un cuenco grande ligeramente aceitado y dele vueltas en su interior para que se impregne de aceite. Cubra el cuenco y deje que la masa repose en un lugar templado más o menos 1 hora, hasta que doble su volumen. Pásela a una superficie de trabajo ligeramente enharinada, aplástela con los puños y divídala en 12 porciones. Forme una bola con cada una de ellas, deslizándola sobre la superficie de trabajo y ocultando los pliegues. Aplane las bolas hasta formar círculos de 1,5 cm de grosor. Colóquelas en las placas. Introdúzcalas en bolsas de plástico aceitadas y deje que reposen en un lugar templado durante 20 minutos. Precaliente el horno a 230 °C. Humedezca los panecillos con leche y hornéelos durante 15 minutos. Retírelos del horno y deje que se enfríen sobre una rejilla.

Para terminar, córtelos por la mitad y úntelos con confitura y nata.

Para 12 panecillos

pan de frambuesas y almendras

véanse variaciones en la página 110

Se trata de un pan fresco y fácil de preparar. Está impregnado del intenso sabor de las frambuesas.
Las almendras le dan un toque crujiente, y la ralladura de limón, un punto de acidez.

50 g de mantequilla, y un poco más para engrasar
200 g de azúcar
1 huevo a temperatura ambiente
160 ml de leche entera
190 g de harina

1 cucharadita de levadura en polvo
1 cucharadita de canela
100 g de frambuesas frescas o congeladas
50 g de almendras fileteadas
2 cucharaditas de ralladura de limón

Precaliente el horno a 180 °C y engrase un molde rectangular de 450 g (20 × 10 cm) con un poco
de mantequilla. En un cuenco grande, y con una batidora de mano eléctrica, bata la mantequilla y el azúcar
hasta que se forme una crema esponjosa. Añada el huevo y la leche, y vuelva a batir todo bien. Tamice
la harina, la levadura en polvo y la canela en el cuenco, y mézclelo. Agregue las frambuesas, las almendras
y la ralladura de limón. Incorpore bien todo de nuevo. Vierta la preparación en el molde, nivele la superficie y
hornéela entre 60 y 70 minutos, hasta que el pan se dore y, al pinchar un palillo en el centro, este salga limpio.
Deje que se enfríe en el molde 5 minutos antes de desmoldarlo y colocarlo sobre una rejilla.

Para 6 porciones

pan de canela sin gluten

véanse variaciones en la página 111

Si le gusta una marca concreta de harina sin gluten, puede usar 190 g y prescindir de las harinas de arroz y tapioca y de la fécula de patata.

50 g de azúcar
160 ml de leche templada
4 cucharaditas de levadura
    seca activa
140 g de harina de arroz
25 g de harina de tapioca
25 g de fécula de patata
½ cucharadita de goma xantana

½ cucharadita de levadura
    en polvo
½ cucharadita de canela
¼ de cucharadita de sal
1 huevo a temperatura ambiente
    ligeramente batido
mantequilla para engrasar

Para el glaseado
3 cucharadas de mantequilla
    ablandada
100 g de azúcar moreno
1 ½ cucharaditas de canela

Engrase un molde de 20 × 20 cm con mantequilla. Disuelva el azúcar en la leche templada, espolvoree la levadura por encima y deje que el líquido repose entre 10 y 15 minutos, hasta que esté espumoso. Mezcle bien en un cuenco grande las harinas de arroz y tapioca, la fécula de patata, la goma xantana, la levadura en polvo, la canela y la sal. Haga un hueco en el centro y vierta la preparación de levadura, seguida del huevo, y bátalo todo con una batidora de mano eléctrica hasta que se forme una masa espesa. Ponga la masa en el molde, cúbrala y deje que repose en un lugar templado aproximadamente 1 hora, hasta que casi doble su volumen.

En un cuenco mediano, mezcle la mantequilla con el azúcar moreno y la canela de modo que se formen grumos. ponga el glaseado sobre del pan, empujándolo un poco hacia abajo. Precaliente el horno a 180 °C. Hornee el pan entre 25 y 35 minutos, o hasta que, al pinchar un palillo en el centro, este salga limpio. Retire el pan del horno y deje que se enfríe en el molde durante 10 minutos. Desmóldelo sobre una rejilla para que se enfríe por completo.

Para 8 porciones

variaciones

crumpets

véase la receta básica en la página 79

crumpets con pasas

Prepare la receta básica, pero añada 170 g de pasas a la harina.

crumpets recubiertos de queso y cebolla

Prepare la receta básica. Mezcle 170 g de queso cheddar rallado con 1 cucharadita de mostaza de Dijon, 2 cebollas tiernas cortadas en rodajas finas y 1 huevo batido. Unte los *crumpets* con la mezcla y gratínelos durante 3 o 4 minutos, hasta que se doren y el huevo esté cocido.

crumpets de cerezas

Prepare la receta básica, pero añada 170 g de cerezas deshidratadas a la harina.

crumpets de queso, beicon y huevo

Prepare la receta básica. Fría 12 lonchas de beicon hasta que estén crujientes. Córtelas por la mitad. Coloque 1 cucharadita de *chutney* de cebolla caramelizada, 2 tomates cereza cortados por la mitad y 30 g de queso cheddar sobre cada *crumpet*. Gratínelos 3 o 4 minutos, hasta que el queso se dore. Corone los *crumpets* con 2 trozos de beicon, 1 huevo escalfado y un poco de perejil picado.

variaciones

sally lunn

véase la receta básica en la página 80

sally lunn con sultanas
Prepare la receta básica, pero añada 170 g de sultanas a la harina.

sally lunn recubierto de pacanas
Prepare la receta básica. Mezcle 100 g de azúcar moreno, la misma cantidad de mantequilla derretida y 75 g de pacanas picadas. Esparza la preparación por la base de un molde para *Kougelhopt* grande previamente engrasado. Añada la masa y hornéela en el horno precalentado a 180 °C durante 40 minutos. Desmóldelo sobre una fuente.

sally lunn de chocolate
Prepare la receta básica, pero agregue 150 g de pepitas de chocolate negro a la harina.

sally lunn de albaricoques y nueces
Prepare la receta básica, pero incorpore 115 g de orejones de albaricoque troceados y 85 g de nueces picadas a la harina.

variaciones

pan de manzana y pasas

véase la receta básica en la página 83

pan de manzana y moras
Prepare la receta básica, pero sustituya 85 g de sultanas por 170 g de moras frescas.

pan de manzana y pasas glaseado
Prepare la receta básica, pero prescinda del glaseado de jarabe de arce. Sustitúyalo por 125 g de azúcar de lustre tamizado y mezclado con el zumo de limón suficiente para obtener un glaseado líquido. Rocíelo sobre el pan cuando esté frío.

pan de manzana y arándanos
Prepare la receta básica, pero sustituya 85 g de sultanas por 170 g de arándanos frescos.

pan de manzana y jengibre
Prepare la receta básica, pero reemplace 85 g de sultanas por la misma cantidad de jengibre confitado troceado.

variaciones

pastas de té de chocolate blanco y cerezas

véase la receta básica en la página 84

pastas de té de sultanas y jengibre
Prepare la receta básica, pero sustituya las cerezas y el chocolate blanco por 85 g de sultanas.
Añada 2 cucharaditas de jengibre molido a la mezcla de harina.

pastas de té de dátiles y coco
Prepare la receta básica, pero sustituya las cerezas y el chocolate blanco por 170 g de dátiles
deshuesados y troceados y 25 g de coco rallado.

pastas de té de limón y pasas de Corinto
Prepare la receta básica, pero sustituya las cerezas y el chocolate blanco por 170 g de pasas de Corinto.
Añada la ralladura de 1 limón a la mezcla de harina.

pastas de té de queso y maíz
Prepare la receta básica, pero sustituya las cerezas y el chocolate blanco por 125 g de queso cheddar
rallado y la misma cantidad de maíz en grano.

variaciones

panecillos de Chelsea

véase la receta básica en la página 85

panecillos belgas
Prepare la receta básica. Glasee los panecillos con glaseado blando (*véanse* los bollos de canela en la página 252).

panecillos de arándanos rojos y albaricoques
Prepare la receta básica, pero sustituya la fruta deshidratada variada del relleno por 125 g de arándanos rojos deshidratados y 40 g de orejones de albaricoque troceados.

panecillos de pepitas de chocolate y cerezas
Prepare la receta básica, pero sustituya la fruta seca por 85 g de cerezas deshidratados y la misma cantidad de pepitas de chocolate negro.

panecillos de dátiles y nueces
Prepare la receta básica, pero prescinda de la fruta seca y use 85 g de dátiles troceados y 60 g de nueces picadas.

variaciones

Kuchen alemán de manzana

véase la receta básica en la página 86

Kuchen de cerezas

Prepare la receta básica, pero sustituya las manzanas por una lata de 400 g de cerezas escurridas.

Kuchen de manzana y moras

Prepare la receta básica, pero sustituya 150 g de manzana por la misma cantidad de moras frescas. Esparza 1 cucharada de azúcar por encima.

Kuchen de melocotón y azúcar moreno

Prepare la receta básica, pero reemplace las manzanas por melocotones frescos cortados en rodajas. Esparza 2 cucharadas de azúcar moreno por encima.

Kuchen de frambuesas y almendras

Prepare la receta básica, pero sustituya la cobertura de manzana por una capa de *frangipane* (*véanse* las variaciones de la receta de los cruasanes en la página 73). Decore con frambuesas y proceda como se indica en la receta básica.

beignets

véase la receta básica en la página 88

beignets con salsa de chocolate

Prepare la receta básica. Elabore una salsa de chocolate (*véanse* las variaciones de la receta
de las rosquillas en la página 70) y sirva los *beignets* acompañados de la salsa.

beignets de pasas

Prepare la receta básica y añada 170 g de pasas a la harina.

beignets de naranja y chocolate

Prepare la receta básica, pero agregue la ralladura de 1 naranja, 1 cucharadita de extracto de naranja
puro y 150 g de pepitas de chocolate negro a la harina junto con la leche.

beignets con chocolate caliente y nata montada

Prepare la receta básica y sirva los *beignets* con chocolate caliente. Para preparar 6 raciones de chocolate,
caliente 100 g de azúcar y 120 ml de agua hasta que el azúcar se disuelva. Deje que el líquido hierva
a fuego lento durante 2 minutos, añada 130 g de chocolate negro de calidad y remueva bien hasta que
se derrita. Agregue, sin dejar de batir, 85 g de cacao en polvo sin edulcorar, 300 ml de crema de leche
y 1 l de leche entera. Remuévalo bien. Cuando esté caliente, sírvalo cubierto de nata montada.

variaciones

pastas de té de Yorkshire

véase la receta básica en la página 89

pastas de té de arándanos rojos
Prepare la receta básica, pero sustituya las pasas de Corinto por arándanos rojos deshidratados
y ½ cucharadita de nuez moscada.

pastas de té de cerezas y sultanas
Prepare la receta básica, pero sustituya las pasas de Corinto por 40 g de cerezas deshidratadas,
la misma cantidad de sultanas y 1 cucharadita de canela.

pastas de té de dátiles y jengibre
Prepare la receta básica, pero sustituya las pasas de Corinto por dátiles troceados. Añada
1 cucharadita de jengibre molido a la harina.

pastas de té con ciruelas pasas y pacanas
Prepare la receta básica, pero sustituya las pasas de Corinto por 40 g de ciruelas pasas sin hueso
troceadas y la misma cantidad de pacanas picadas.

variaciones

pretzels blandos

véase la receta básica en la página 91

pretzels de canela y azúcar
Prepare la receta básica. Cuando saque los *pretzels* del horno, úntelos con mantequilla derretida y rebócelos en 100 g de azúcar mezclado con 1 cucharadita de canela.

pretzels con salsa de chocolate
Prepare la receta básica. Cuando saque los *pretzels* del horno, úntelos con mantequilla derretida y sírvalos acompañados de salsa de chocolate (*véanse* las variaciones de la receta de las rosquillas en la página 70).

pretzels de jalapeños
Prepare la receta básica. Justo antes de introducirlos en el horno, esparza unas rodajas finas de jalapeños (sin semillas) sobre los *pretzels*.

pretzels de parmesano
Prepare la receta básica. Cuando saque los *pretzels* del horno, úntelos con mantequilla derretida y espolvoree un poco de queso parmesano rallado por encima.

variaciones

pan de mono

véase la receta básica en la página 92

pan de mono con *pepperoni*

Prepare la receta básica, pero prescinda del glaseado. Extienda las bolas y coloque 1 loncha de *pepperoni* y 1 cucharadita de mozzarella sobre cada una. Envuelva la masa alrededor del relleno. Humedezca las bolas con 100 g de mantequilla derretida mezclada con 2 dientes de ajo picados y 2 cucharaditas de orégano. Colóquelas en el molde como se indica en la receta básica. Hornee el pan y sírvalo con salsa de pizza para mojar (*véase* la receta de la pizza de salami en la página 149).

pan de mono con mantequilla de cacahuete

Prepare la receta básica. Prescinda del glaseado. Reboce las bolas en el azúcar (sin canela) y unte 100 g de mantequilla de cacahuete caliente y la misma cantidad de confitura de fresa caliente a medida que las apila en el molde. Rocíe el pan con 120 ml de crema de leche espesa justo antes de hornearlo.

pan de mono con arándanos rojos y naranja

Prepare la receta básica, pero vaya añadiendo 170 g de arándanos rojos deshidratados a medida que va apilando las bolas en el molde.

pan de mono al ajo

Prepare la receta básica, pero prescinda del glaseado de naranja y del glaseado de azúcar con canela. Humedezca las bolas en 100 g de mantequilla derretida mezclada con 2 dientes de ajo picados, ¼ de cucharadita de romero seco, y la misma cantidad de albahaca y de salvia. Vierta la preparación de mantequilla restante por encima y hornee el pan como se indica en la receta básica.

panecillos de Devonshire

véase la receta básica en la página 95

panecillos blancos, rosas y amarillos
Prepare la receta básica, pero, en lugar de bolas, haga panecillos alargados. Hornéelos entre 8 y 10 minutos. Mezcle 300 g de azúcar de lustre con el agua suficiente para obtener un glaseado. Divida el glaseado en tres partes, ponga dos de ellas en dos cuencos y tiña una parte de rosa y la otra de color amarillo limón. Unte los panecillos con los tres glaseados y decórelos con fideos de chocolate de colores.

panecillos de limón y nata
Prepare la receta básica, pero añada la ralladura de un limón a la harina. Córtelos por la mitad y rellénelos con crema de limón y nata montada.

panecillos de chocolate y crema de castañas
Prepare la receta básica. Para el relleno, caliente 100 g de chocolate negro troceado con 180 ml de crema de leche espesa. Remueva hasta que se derrita. Deje que se enfríe. En un robot de cocina, bata la crema de chocolate junto con 200 g de puré de castañas sin edulcorar, 1 cucharada de azúcar y 2 cucharadas de brandy. Distribuya el relleno sobre los panecillos cortados por la mitad.

panecillos con dulce de leche
Prepare la receta básica. Corte los panecillos por la mitad y rellénelos con dulce de leche y nata montada.

variaciones

pan de frambuesas y almendras

véase la receta básica en la página 96

pan de manzana y caramelo

Prepare la receta básica, pero sustituya las frambuesas por 170 g de manzanas peladas, sin corazón y picadas. Añada 60 g de pepitas de caramelo a la mezcla.

pan de cerezas y almendras

Prepare la receta básica, pero sustituya las frambuesas por cerezas frescas deshuesadas y troceadas.

pan de arándanos rojos, chocolate blanco y almendras

Prepare la receta básica, pero sustituya las frambuesas por 85 g de arándanos rojos deshidratados y la misma cantidad de pepitas de chocolate blanco.

pan de melocotón y pistachos

Prepare la receta básica, pero sustituya las frambuesas y las almendras por melocotones recién cortados y pistachos picados. Cuando esté frío, rocíe el pan con chocolate blanco derretido.

variaciones

pan de canela sin gluten

véase la receta básica en la página 98

pan de limón y arándanos sin gluten
Prepare la receta básica, pero sustituya la canela por 1 cucharadita de extracto de vainilla.
Añada a la harina la ralladura de un limón y 60 g de arándanos frescos.

pan de fresas y nueces de macadamia sin gluten
Prepare la receta básica, pero agregue 60 g de fresas frescas troceadas (deje que se sequen sobre
papel de cocina) y 30 g de nueces de macadamia picadas a la harina.

pan de chocolate y guindilla sin gluten
Prepare la receta básica, pero añada a la harina 75 g de pepitas de chocolate negro y ¼ cucharadita
de copos de guindilla roja.

pan de piña y coco sin gluten
Prepare la receta básica, pero incorpore 60 g de piña fresca o en lata (deje que pierda el exceso
de líquido sobre papel de cocina) y 20 g de coco rallado al cuenco con la harina.

panes con frutas, verduras y frutos secos

En este capítulo encontrará recetas que le servirán

de inspiración, como el pan de plátano y arándanos

rojos o el de aceitunas y tomates secados al sol.

También le ofrecemos panes preparados con ingredientes

tan sorprendentes como pera o cardamomo.

pan de plátano y arándanos rojos

véanse variaciones en la página 130

Es estupendo para cualquier hora del día, pues no resulta demasiado dulce y es delicioso.
Puede cortarlo en rebanadas, tostarlo y poner un poco de manzana caramelizada encima.

190 g de harina
30 g de harina integral
½ cucharadita de sal
2 cucharaditas de levadura en polvo
¼ de cucharadita de bicarbonato sódico
3 plátanos medianos (2 de ellos
    muy maduros)

60 ml de suero de mantequilla
140 g de mantequilla
85 g de azúcar
2 huevos a temperatura ambiente
    ligeramente batidos
85 g de arándanos rojos deshidratados
aceite para engrasar

Precaliente el horno a 180 °C. Engrase un molde rectangular de 450 g (20 × 10 cm) con un poco de aceite
y enharínelo. Mezcle las harinas, la sal, la levadura en polvo y el bicarbonato sódico en un cuenco mediano.
Ponga los dos plátanos más maduros y el suero de mantequilla en otro cuenco, y aplaste los plátanos.
En un cuenco grande, bata con la batidora eléctrica de mano la mantequilla y el azúcar hasta que se forme
una mezcla cremosa. Vaya añadiendo gradualmente los huevos batidos a la crema de mantequilla y azúcar,
sin dejar de batir. Agregue los plátanos aplastados a la mezcla de harina y remueva un poco (no demasiado).
Corte el tercer plátano en rodajas, añádalas a la preparación junto con los arándanos rojos y remueva bien.
Vierta la masa en el molde y hornéela unos 40 minutos, hasta que, al pinchar un palillo en el centro, este salga
limpio. Deje que el pan se enfríe en el molde durante 10 minutos antes de desmoldarlo sobre una rejilla.

Para 1 hogaza

pan de brécol

véanse variaciones en la página 131

Esta es una muy buena forma de aprovechar restos de brécol. Como es un pan muy colorido, llama mucho la atención de los niños.

2 cucharadas de aceite vegetal,
   y un poco más para engrasar
1 cebolla pequeña bien picada
85 g de harina
60 g de polenta fina
2 cucharadas de azúcar
1 cucharada de levadura
   en polvo

1 cucharadita de sal
4 huevos a temperatura
   ambiente
50 g de mantequilla derretida
225 g de queso ricotta
40 g de tomates secados al sol
   troceados (bien escurridos
   si están en aceite)

100 g de brécol fresco
   (sin tallos) troceado
20 g de queso parmesano
   rallado

Precaliente el horno a 200 °C y engrase un molde rectangular de 450 g (20 × 10 cm) con un poco de aceite. En una sartén mediana, caliente 1 cucharada de aceite vegetal a fuego medio. Cuando esté caliente (sin que llegue a humear), saltee la cebolla durante 5 minutos, hasta que se ablande. Deje que se enfríe y resérvela.

En un cuenco grande, mezcle la harina, la polenta, el azúcar, la levadura en polvo y la sal. En otro mediano, bata los huevos con el resto del aceite vegetal. Añada la mantequilla derretida y el queso ricotta. Remueva todo bien. Agregue los tomates secados al sol, el brécol y el queso parmesano, y remueva un poco para que se mezclen los ingredientes. Vierta la preparación en el molde y hornéela 40 minutos. Deje que el pan se enfríe en el molde durante 5 minutos y desmóldelo sobre una rejilla. Sírvalo templado o frío.

Para 1 hogaza

pan de cebolla caramelizada y romero

véanse variaciones en la página 132

Sírvalo para acompañar una sopa cremosa de verduras.

Para la cebolla
2 cucharadas de aceite de oliva
    virgen extra
1 cebolla grande picada
2 cucharaditas de romero seco
1 pizca de sal
1 pizca de azúcar

Para el pan
1 cucharadita de azúcar
320 ml de agua templada
2 cucharaditas de levadura
    seca activa
510 g de harina de fuerza blanca
1 cucharadita de sal

1 cucharada de aceite de oliva,
    y un poco más para engrasar
1 manojo de cebollas tiernas
    picadas (solo la parte verde)

Forre una placa grande para el horno con papel sulfurizado. En primer lugar, caramelice las cebollas. Caliente el aceite de oliva en una sartén grande a fuego medio. Añada la cebolla y saltéela durante 5 minutos, hasta que se ablande. Baje un poco el fuego y continúe friendo la cebolla entre 25 y 30 minutos, removiendo de vez en cuando, hasta que se dore bien. Vigile la sartén en todo momento. Si la cebolla empieza a pegarse a la sartén, añada un poco de agua o de caldo y remuévala bien. Agregue una pizca de sal y otra de azúcar para que la cebolla se caramelice. Deje que se enfríe y resérvela.

Disuelva el azúcar en el agua templada y espolvoree la levadura por encima. Deje que el líquido repose entre 10 y 15 minutos, hasta que esté espumoso. En un cuenco grande, mezcle la harina, la sal y el romero. Haga un hueco en el centro, incorpore la preparación de levadura y el aceite de oliva. Mézclelo todo bien hasta que se forme una masa blanda. Si queda demasiado seca, agregue un poco más de agua; si queda demasiado húmeda, añada un poco más de harina. Incorpore la cebolla caramelizada y las cebollas tiernas. Amase unos 10 minutos, hasta que la masa esté blanda, uniforme y elástica.

Ponga la masa en un cuenco engrasado y dele vueltas en su interior para que se impregne. Cubra el cuenco con film transparente y deje que la masa repose en un lugar templado hasta que doble su volumen (aproximadamente 1 hora). Pásela a una superficie de trabajo un poco enharinada y aplástela con los puños. Forme un círculo algo ovalado con la masa y colóquelo sobre la placa para el horno. Cubra la masa y deje que repose hasta que doble su tamaño (más o menos 1 hora). Precaliente el horno a 220 °C. Espolvoree un poco de harina por encima del pan y haga unos cuantos cortes diagonales profundos sobre la superficie. Hornéelo durante 30 minutos, o hasta que, al golpear la base, suene hueco. Deje que se enfríe sobre una rejilla.

Para 1 hogaza

pan de nueces y pasas

véanse variaciones en la página 133

Este pan de nueces y pasas, aromatizado con un poco de aceite de nueces, es perfecto para acompañar un queso cremoso o un cheddar ácido.

160 g de harina de fuerza blanca
130 g de harina de fuerza integral
2 cucharaditas de levadura seca instantánea
2 cucharaditas de azúcar moreno
1 cucharadita de sal

180 ml, y 2 cucharadas más de agua caliente
2 cucharaditas de aceite de nueces
85 g de nueces troceadas
85 g de pasas
aceite para engrasar

Engrase una placa grande para el horno con un poco de aceite. Mezcle las harinas, la levadura, el azúcar y la sal en un cuenco grande (añada la levadura en un lado y la sal en el otro). Haga un hueco en el centro y vierta el agua caliente y el aceite de nueces. Incorpore todo bien hasta que se forme una masa firme. Si esta no termina de ligar, agregue un poco más de agua. Si, en cambio, queda demasiado húmeda, añada un poco más de harina. Póngala en una superficie de trabajo ligeramente enharinada y amásela 10 minutos, hasta que esté blanda, uniforme y elástica.

Aplaste la masa hasta formar un cuadrado de 20 × 20 cm, esparza las nueces troceadas y las pasas por encima y enróllela como si fuera un brazo de gitano. Trabájela durante 2 o 3 minutos para que se distribuyan las pasas y las nueces de manera uniforme. Dele forma de hogaza y haga un corte en forma de cruz en la parte superior. Coloque el pan sobre la placa para el horno, e introdúzcala en una bolsa de plástico engrasada. Deje que repose en un lugar templado durante más o menos 1 hora, hasta que doble su volumen. Precaliente el horno a 200 °C. Retire la placa de la bolsa y hornee el pan unos 35 minutos, hasta que, al golpear la base, suene hueco. Deje que se enfríe sobre una rejilla.

Para 1 hogaza

pan de aceitunas y pimiento rojo

véanse variaciones en la página 134

Al introducirlo en el horno, toda su cocina se impregnará de un maravilloso aroma que lo trasladará al verano y al cálido mar Mediterráneo.

1 cucharada de polenta fina
450 g de harina de fuerza blanca
2 cucharaditas de levadura seca activa
1 cucharadita de azúcar
1 cucharadita de sal
300 ml de agua templada

3 cucharadas de aceite de oliva, y un poco
    más para engrasar
85 g de aceitunas negras deshuesadas troceadas
60 g de pimientos rojos troceados
15 g de hojas de albahaca picadas

Forre una placa grande para el horno con papel sulfurizado y espolvoree 1 cucharada de polenta. Mezcle la harina, la levadura, el azúcar y la sal en un cuenco grande; añada la levadura en un lado del cuenco y la sal en el otro. Haga un hueco en el centro y vierta el agua templada y el aceite de oliva. Incorpórelo bien hasta que se forme una masa blanda. Póngala en una superficie de trabajo ligeramente enharinada y amásela durante 10 minutos, hasta que esté blanda, uniforme y elástica. Ponga la masa en un cuenco grande un poco aceitado y dele vueltas en su interior para que se impregne bien de aceite. Cubra el cuenco y deje que la masa repose en un lugar templado más o menos 1 hora, hasta que doble su volumen.

Pase la masa a una superficie de trabajo ligeramente enharinada y aplástela con los puños. Añada las aceitunas, los pimientos y la albahaca. Vuelva a amasarla hasta que los ingredientes se distribuyan de manera uniforme. Forme una bola con la masa, presiónela firmemente con las manos y esparza harina blanca por encima. Haga un corte profundo en forma de cruz en la parte superior y coloque el pan sobre la placa para el horno. Cúbralo y deje que repose durante 1 hora en un lugar templado, hasta que casi doble su tamaño. Precaliente el horno a 220 °C. Destape el pan y hornéelo durante 30 minutos, hasta que se dore y, al golpearlo en la base, suene hueco. Deje que se enfríe sobre una rejilla.

Para 1 hogaza

pan de pasas, dátiles y albaricoques

véanse variaciones en la página 135

Este pan está relleno de fruta seca. Si lo corta en rebanadas y lo unta con mantequilla, tendrá un excelente tentempié.

95 g, y 370 g más de harina
1 ½ cucharadas de levadura seca activa
1 cucharadita de azúcar
240 ml de agua templada
85 g de mantequilla fría cortada en dados
85 g de azúcar moreno
1 cucharadita de sal
1 cucharadita de canela
½ cucharadita de jengibre molido
¼ de cucharadita de nuez moscada molida
225 g de sultanas
225 g de dátiles deshuesados troceados
100 g de orejones de albaricoque troceados
100 g de pasas de Corinto
1 huevo a temperatura ambiente,
   ligeramente batido
2 cucharadas de miel para glasear
aceite para engrasar

Engrase 2 moldes rectangulares de 450 g (20 × 10 cm) con un poco de aceite. Ponga 95 g de harina en un cuenco grande, añada la levadura, el azúcar y el agua templada. Mézclelo bien y deje que repose unos 20 minutos, hasta que la preparación esté espumosa. Ponga 370 g de harina en un cuenco grande, añada la mantequilla y mezcle hasta que parezca pan rallado fino. Incorpore el azúcar, la sal, las especias y la fruta seca. Agregue el huevo y la preparación de harina a la de levadura. Remueva bien hasta que se forme una masa. Pásela a una superficie de trabajo ligeramente enharinada y amásela durante 10 minutos, hasta que esté uniforme y elástica. Ponga la masa en un cuenco un poco aceitado y dele vueltas en su interior hasta que se impregne bien de aceite. Cubra el cuenco y deje que la masa repose en un lugar templado más o menos 1 hora, hasta que doble su volumen. Precaliente el horno a 180 °C. Ponga la masa en una superficie de trabajo ligeramente enharinada y aplástela con los puños. Vuelva a amasarla otros 3 o 4 minutos. Divídala en dos porciones y modélelas de forma que encajen en los moldes. Cúbralos y deje que la masa repose unos 45 minutos, hasta que sobresalga unos 2,5 cm del molde. Hornee los panes durante 1 hora, hasta que, al golpearlos en la base, suenen huecos. Deje que se enfríen sobre una rejilla y úntelos con miel mientras todavía estén templados.

Para 2 hogazas

pan de centeno con pacanas y arándanos

véanse variaciones en la página 136

La harina de centeno y las pacanas aportan textura e interés a este pan.

85 g de harina de centeno	2 cucharadas de aceite de oliva
280 q de harina de fuerza blanca	2 cucharadas de melaza
115 g de harina de fuerza integral	350 ml de agua templada
1 cucharadita de sal	200 g de pacanas picadas
4 cucharaditas de levadura seca activa	100 g de arándanos rojos deshidratados

Forre una placa para el horno con papel sulfurizado. En el recipiente de un robot o amasadora con un gancho amasador, mezcle los tres tipos de harina. Añada la sal en un lado y la levadura en el otro. Haga un hueco en el centro y, mezclando a poca velocidad, agregue el aceite, la melaza y el agua templada. Amase a velocidad media unos 8 minutos. Incorpore las pacanas y los arándanos, y mezcle durante 1 minuto. Ponga la masa un cuenco grande ligeramente engrasado y dele vueltas en su interior para que se impregne bien de aceite. Cubra el cuenco y deje que la masa repose en un lugar templado durante más o menos 1 hora, hasta que doble su tamaño.

Pase la masa a una superficie de trabajo ligeramente enharinada y aplástela con los puños. Aplánela con las manos hasta formar un rectángulo y enróllelo como si fuera un brazo de gitano. Vuelva a aplanarla y a enrollarla formando un cilindro ovalado de unos 30 cm de largo. Coloque el pan en la placa para el horno con el lado del pliegue hacia abajo, cúbralo y deje que repose alrededor de 1 hora, hasta que doble su tamaño. Precaliente el horno a 200 °C. Enharine la parte superior del pan y haga cortes diagonales en ambas direcciones formando un dibujo de rombos. Hornéelo durante 35 minutos, hasta que, al golpear la base, suene hueco. Retire el pan del horno y deje que se enfríe sobre una rejilla.

Para 1 hogaza

trenza de cardamomo

véanse variaciones en la página 137

El cardamomo es una especia realmente versátil. Si se añade poca cantidad, se puede usar en platos tanto dulces como salados.

1 cucharadita, y 130 g de azúcar,
   y un poco más para esparcir
355 ml de leche entera, y un poco más
   para untar
4 cucharaditas de levadura seca activa
100 g de mantequilla, y un poco más
   para engrasar

2 huevos a temperatura ambiente
1 cucharadita de sal
2 cucharaditas de semillas
   de cardamomo molidas
115 g de harina integral
625 g de harina

Engrase dos placas grandes para el horno con un poco de mantequilla. Disuelva 1 cucharadita de azúcar en 300 ml de leche templada, esparza la levadura por encima y deje que el líquido repose durante 10 o 15 minutos, hasta que esté espumoso. En el recipiente de un robot o amasadora con palas, bata la mantequilla y 130 g de azúcar hasta que se forme una crema. Añada los huevos de uno en uno, y bata bien la mezcla tras cada adición. Incorpore la preparación de levadura. Mezcle todo bien, y agregue la sal y el cardamomo molido. Vaya incorporando gradualmente la harina integral y la cantidad de harina blanca necesaria para obtener una masa blanda. Ponga el gancho amasador en el robot y amase entre 5 y 8 minutos, hasta que la masa esté uniforme y elástica. Colóquela en un recipiente grande aceitado y dele vueltas en su interior hasta que se impregne bien de aceite. Cubra el cuenco y deje que la masa repose en un lugar templado más o menos 1 hora, hasta que doble su tamaño.

Pase la masa a una superficie de trabajo ligeramente enharinada, aplástela con los puños y amásela otros 2 minutos. Divídala en dos porciones, y cada una en tercios. Forme una bola con cada uno de los 6 trozos y deje que reposen 10 minutos. Forme una tira de unos 15 cm con cada bola. Coloque tres tiras en cada placa, separadas unos 2,5 cm entre sí. Trence las tiras empezando por la del centro. Pellizque los extremos para fijarlos

y ocúltelos bajo las hogazas. Introduzca cada placa en una bolsa de plástico aceitada. Coloque una de las placas en un lugar templado unos 45 minutos, hasta que la trenza casi doble su tamaño. Deje que la otra trenza repose a temperatura ambiente durante 20 minutos más (de este modo tendrá tiempo de hornear la primera trenza antes de que la otra esté lista).

Precaliente el horno a 190 °C. Retire la primera trenza de la bolsa de plástico, úntela con un poco de leche, esparza un poco de azúcar por encima y hornéela durante 20 minutos, hasta que se dore. La parte inferior de la trenza también debe dorarse. Deje que se enfríe sobre una rejilla. Compruebe que la otra trenza esté lista para hornear, úntela con leche, esparza un poco de azúcar por encima y hornéela 20 minutos.

Para 2 hogazas

pan de tomates secados al sol y pesto

véanse variaciones en la página 138

El pesto se puede usar de muchísimas formas, entre ellas para hacer este pan con tomates secados al sol.

1 cucharadita de azúcar disuelto en 395 ml de agua templada
4 cucharaditas de levadura seca activa
415 g de harina de fuerza blanca

90 g de harina de fuerza integral
½ cucharadita de sal
2 cucharadas de aceite de oliva
4 cucharadas de pesto (*véase* pág. 138)

3 cucharadas de tomates secados al sol picados (bien escurridos si están en aceite)
2 cucharaditas de copos de guindilla roja

Forre una placa grande para el horno con papel sulfurizado. Espolvoree la levadura sobre la preparación de agua y azúcar, y deje que el líquido repose entre 10 y 15 minutos, hasta que esté espumoso. En el recipiente de un robot o amasadora con un gancho amasador, mezcle las harinas y la sal. Haga un hueco en el centro, vierta la preparación de levadura y el aceite de oliva, e incorpore todo bien hasta que obtenga una masa blanda. Amásela entre 5 y 8 minutos, hasta que esté blanda, uniforme y elástica. Pásela a un cuenco grande ligeramente aceitado y dele vueltas en su interior hasta que se impregne por completo de aceite. Cubra el cuenco y deje que la masa repose durante más o menos 1 hora, hasta que doble su tamaño. Póngala en una superficie de trabajo un poco enharinada, divídala en 4 porciones iguales, forme una bola con cada una y deje que reposen 10 minutos. Forme una tira de 15 cm con cada bola y colóquelas en la placa separadas entre sí unos 2,5 cm. Haga un surco en cada tira y rellénelas con pesto y unos trozos de tomates secados al sol. Selle el relleno pellizcando la masa con suavidad. Forme una trenza con las tiras, empezando por la del centro. Pellizque los extremos para formar un círculo. Deje que la masa repose en un lugar templado 45 minutos, hasta que casi doble su volumen. Precaliente el horno a 220 °C. Unte la trenza con un poco de aceite de oliva, esparza unos copos de guindilla roja por encima y hornéela durante 10 minutos. Baje la temperatura del horno a 170 °C y hornéela otros 15 minutos, hasta que se dore. Retírela del horno y deje que se enfríe sobre una rejilla. Sírvala templada.

Para 1 hogaza

pan de queso y apio

véanse variaciones en la página 139

El queso y el apio son una combinación clasica; además, este pan es estupendo para los bocadillos de jamón.

450 g de harina con levadura
1 cucharadita de sal
30 g de mantequilla fría cortada
    en dados
3 tallos de apio grandes, lavados
    y picados
1 diente de ajo, picado

150 g de queso cheddar rallado
2 cucharaditas de cebollino seco
1 huevo a temperatura ambiente
200 ml de leche entera
2 cucharaditas de mostaza
    de Dijon
aceite para engrasar

Precaliente el horno a 220 °C y engrase un molde rectangular de 450 g (20 × 10 cm) con un poco de aceite. Tamice la harina y la sal en un cuenco grande. Añada la mantequilla y mézclela con la harina hasta que parezca pan rallado. Agregue el apio, el ajo, el queso y el cebollino. Incorpore todo un poco. Bata el huevo, la leche y la mostaza en un mismo cuenco, y vaya agregando el líquido a la preparación de harina. Mézclelo todo hasta que se forme una masa blanda. Amásela suave y rápidamente sobre una superficie de trabajo un poco enharinada y dele una forma ovalada (asegúrese de que quepa en el molde). Hornee el pan unos 55 minutos, hasta que se dore. Retírelo del horno y deje que se enfríe sobre una rejilla.

Para 1 hogaza

variaciones

pan de plátano y arándanos rojos

véase la receta básica en la página 113

tostadas de pan de plátano y arándanos rojos con manzana caramelizada

Prepare la receta básica. Corte el pan en rebanadas y tuéstelo. Pele, quite el corazón y corte en rodajas cuatro manzanas. Derrita 4 cucharadas de mantequilla a fuego medio-alto. Cuando esté casi derretida, añada 6 cucharadas de azúcar moreno, 1 cucharadita de canela y las manzanas. Cueza las manzanas, removiendo de vez en cuando, hasta que estén caramelizadas por todos los lados. Unte las rebanadas de pan tostado con crema de chocolate y avellanas y corónelas con la manzana caramelizada.

pan de plátano, frambuesas y chocolate negro

Prepare la receta básica, pero sustituya los arándanos rojos por frambuesas frescas. Añada 1 cucharadita de extracto de vainilla y 200 g de trozos o pepitas de chocolate negro con el último plátano.

pan de plátano y piña

Prepare la receta básica, pero sustituya los arándanos rojos por piña confitada. Agregue 25 g de coco rallado y 1 cucharadita de extracto de coco junto con el último plátano.

pan de plátano, nueces de Brasil y chocolate (sin lactosa)

Prepare la receta básica, pero sustituya el suero de mantequilla y la mantequilla por leche de coco entera y aceite de girasol. Reemplace los arándanos rojos por 60 g de nueces de Brasil picadas y 150 g de trozos o pepitas de chocolate negro.

variaciones

pan de brécol

véase la receta básica en la página 115

pan de espárragos
Prepare la receta básica, pero sustituya el brécol por 100 g de espárragos cocidos y troceados.

pan de pimientos
Prepare la receta básica, pero sustituya el brécol por 100 g de pimientos verdes y rojos asados, pelados y sin semillas.

pan de calabacín
Prepare la receta básica, pero sustituya el brécol por calabacín troceado y salteado. Corte 1 calabacín grande en rodajas y córtelas por la mitad. Caliente 1 cucharada de aceite de oliva en una sartén grande a fuego medio-alto y saltee el calabacín unos minutos, hasta que se ablande. Deje que se enfríe.

pan de berenjena
Prepare la receta básica, pero sustituya el brécol por berenjena troceada y asada. Trocee una berenjena mediana, colóquela sobre una placa grande para el horno, rocíela con aceite y condiméntela con sal, pimienta negra recién molida y 1 cucharadita de mezcla de hierbas. Hornéela a 190 °C durante 25 minutos y deje que se enfríe.

variaciones

pan de cebolla caramelizada y romero

véase la receta básica en la página 116

pan de cebolla caramelizada y albahaca

Prepare la receta básica, pero sustituya el romero por 15 g de albahaca picada.

pan de cebolla caramelizada, queso y tomate

Prepare la receta básica. Añada 60 g de queso cheddar rallado y 40 g de tomates secados al sol troceados junto con las cebollas.

pan de cebolla caramelizada, beicon y perejil

Prepare la receta básica, pero prescinda del romero. Añada a las cebollas 15 g de perejil picado y 5 lonchas de beicon crujiente y desmenuzado.

pan de cebolla caramelizada, queso de cabra, cilantro y aceitunas

Prepare la receta básica. Prescinda del romero. En su lugar, añada a las cebollas 40 g de queso de cabra troceado, la misma cantidad de aceitunas negras sin hueso troceadas y 15 g de cilantro picado.

pan de nueces y pasas

véase la receta básica en la página 119

pan de nueces, dátiles e higos
Prepare la receta básica, pero sustituya las pasas por 125 g de dátiles troceados y 4 higos secos troceados.

pan de nueces, ciruelas pasas y arándanos
Prepare la receta básica, pero sustituya las pasas por 60 g de ciruelas pasas deshuesadas troceadas y la misma cantidad de arándanos frescos.

pan de melocotón y pacanas
Prepare la receta básica, pero sustituya las nueces picadas y las pasas por 40 g de pacanas picadas y 1 melocotón deshuesado troceado.

pan de nueces al café
Prepare la receta básica, pero añada 2 cucharaditas de café instantáneo disuelto en el agua caliente.

variaciones

pan de aceitunas y pimiento rojo

véase la receta básica en la página 120

pan de aceitunas, calabacín y pimiento rojo
Prepare la receta básica, pero, con las aceitunas, añada ½ calabacín troceado, salteado
en un poco de aceite de oliva y enfriado.

pan de aceitunas, berenjena y pimiento rojo
Prepare la receta básica, pero, junto con las aceitunas, agregue ½ berenjena pequeña, troceada,
asada y enfriada.

pan de aceitunas, tomate, pimiento y beicon
Prepare la receta básica, pero incorpore, con las aceitunas, 40 g de tomates secados al sol troceados
y 4 lonchas de beicon crujiente desmenuzado.

pan de aceitunas, queso, pimiento y tomate
Prepare la receta básica, pero añada, junto con las aceitunas, 60 g de queso cheddar rallado
y 40 g de tomates secados al sol troceados.

variaciones

pan de pasas, dátiles y albaricoques

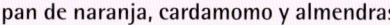 *véase* la receta básica en la página 122

pan de naranja, cardamomo y almendras
Prepare la receta básica, pero sustituya los dátiles por 85 g de almendras picadas. Añada 1 cucharadita de semillas de cardamomo majadas y la ralladura de 1 naranja con la fruta seca.

pan de pasas, semillas de amapola y albaricoques
Prepare la receta básica, pero sustituya 125 g de pasas de Corinto por la misma cantidad de semillas de amapola.

pan de cerezas y pacanas (sin lactosa)
Prepare la receta básica, pero sustituya la mantequilla por aceite de girasol, las sultanas por cerezas deshidratadas y los dátiles por pacanas picadas.

pan de higos y nueces
Prepare la receta básica, pero sustituya las pasas de Corinto por higos secos troceados y los orejones de albaricoque por nueces picadas.

variaciones

pan de centeno con pacanas y arándanos

véase la receta básica en la página 123

pan de centeno con pacanas y fruta tropical
Prepare la receta básica, pero sustituya los arándanos rojos por fruta tropical confitada y troceada.

pan de centeno con pacanas, arándanos rojos y mango
Prepare la receta básica, pero añada 55 g de mango recién troceado.

pan de centeno con pacanas, peras y chocolate negro
Prepare la receta básica, pero sustituya los arándanos rojos por 2 peras peladas, sin corazón y troceadas. Añada 100 g de pepitas de chocolate negro.

pan de centeno con pacanas, arándanos rojos y ciruelas
Prepare la receta básica, pero agregue 3 ciruelas maduras deshuesadas y troceadas.

variaciones

trenza de cardamomo

véase la receta básica en la página 124

trenza de sultanas y jengibre
Prepare la receta básica, pero sustituya el cardamomo por 2 cucharaditas de jengibre molido.
Añada 170 g de sultanas con la harina integral.

trenza de manzana y canela
Prepare la receta básica, pero sustituya el cardamomo por 2 cucharaditas de canela. Agregue 170 g
de manzanas deshidratadas troceadas con la harina integral.

trenza de chocolate y avellanas
Prepare la receta básica, pero sustituya el cardamomo por 2 cucharadas de extracto de vainilla (añádalo
a la mezcla de levadura). Agregue 150 g de pepitas de chocolate y 40 g de avellanas tostadas y picadas
con la harina integral.

trenza de pasas y nuez moscada
Prepare la receta básica, pero sustituya el cardamomo por 1 cucharadita de nuez moscada molida.
Añada 170 g de pasas con la harina integral.

variaciones

pan de tomates secados al sol y pesto

véase la receta básica en la página 127

pesto casero

Ponga 60 g de hojas de albahaca en el robot de cocina y tritúrelas hasta que se forme una especie de pulpa. Añada 1 diente de ajo pequeño y 60 g de piñones tostados. Tritúrelo todo hasta que esté bien mezclado. Agregue 120 ml de aceite de oliva virgen extra y 30 g de parmesano rallado. Mézclelo bien. Si lo conserva en un recipiente esterilizado en el frigorífico, lo podrá tener a mano hasta dos semanas.

pan de tomates secados al sol, beicon y pesto

Prepare la receta básica. Esparza 4 lonchas de beicon (cocidas hasta que estén crujientes) desmenuzadas sobre los trozos de tomates secados al sol del interior de los surcos.

pan relleno de pesto

Prepare la receta básica. Tras la primera fermentación, pase la masa a una superficie de trabajo ligeramente enharinada y divídala en dos porciones iguales. Aplaste con los puños y estire las dos mitades hasta formar sendos rectángulos de 20 × 20 cm. Extienda el pesto sobre la masa y enrolle los rectángulos como si fueran brazos de gitano. Coloque los dos rollos en dos moldes rectangulares de 450 g y deje que la masa fermente de nuevo. Hornee los panes a 180 °C entre 30 y 35 minutos.

pan de tomates secados al sol y pesto con parmesano

Prepare la receta básica. Esparza 30 g de queso parmesano rallado sobre los trozos de tomates secados al sol del interior de los surcos.

variaciones

pan de queso y apio

véase la receta básica en la página 129

pan de queso y maíz
Prepare la receta básica, pero sustituya el apio por 450 g de maíz en grano.

pan con pasta de queso y aceitunas
Prepare la receta básica. Corte el pan en rebanadas. Trocee el contenido de una lata pequeña de aceitunas negras y una lata pequeña de aceitunas verdes rellenas de pimiento. Corte en rodajas 2 cebollas tiernas. Póngalo todo en un cuenco junto con 50 g de mantequilla, 100 g de mayonesa y 340 g de queso tipo gruyere. Unte las rebanadas de pan con la pasta y hornéelas a 170 °C unos 20 minutos, hasta que el queso se derrita y se dore.

pan de queso y beicon
Prepare la receta básica, pero mezcle con el huevo 4 lonchas de beicon (cocidas hasta que estén crujientes) desmenuzadas.

pan de queso y tomate
Prepare la receta básica, pero mezcle con el huevo 2 tomates pelados, sin semillas y troceados.

panes planos y pizzas

En este capítulo encontrará un gran número de recetas, desde un pan plano típico de Oriente Próximo hasta una pizza con el borde relleno, que le servirán de inspiración para preparar platos tradicionales con sabores extraordinarios. Puede intercambiar los tipos de masa y los ingredientes de las diferentes recetas para adaptar las pizzas a sus gustos personales.

naan de ajo y cilantro

véanse variaciones en la página 161

Este *naan* tiene un sabor realmente auténtico y es fantástico para acompañar un curry indio.

1 cucharadita de azúcar, y una más
160 ml de leche templada
2 cucharaditas de levadura seca activa
450 g de harina
½ cucharadita de sal
1 cucharadita de levadura en polvo

2 cucharadas de aceite de oliva
160 ml de yogur natural
1 huevo a temperatura ambiente
ligeramente batido
3 cucharadas de cilantro picado

Disuelva 1 cucharadita de azúcar en la leche templada, espolvoree la levadura por encima y deje que el líquido repose entre 10 y 15 minutos, hasta que esté espumoso. Tamice la harina, la sal y la levadura en polvo en un cuenco grande. Añada la cucharadita restante de azúcar, la preparación de levadura y el resto de los ingredientes. Mézclelo todo bien hasta que obtenga una masa blanda. Amásela 10 minutos, hasta que esté uniforme y elástica. Póngala en un cuenco ligeramente aceitado y dele vueltas en su interior hasta que se impregne bien de aceite. Cubra el cuenco y deje que la masa repose en un lugar templado alrededor de 1 hora, hasta que doble su volumen. Precaliente el horno a la temperatura máxima e introduzca una placa gruesa. Precaliente el gratinador. Pase la masa a una superficie de trabajo ligeramente enharinada, aplástela con los puños y amásela durante otros 2 o 3 minutos. Divida la masa en 6 porciones iguales y forme una bola con cada una. Cubra 5 de ellas. A la sexta dele forma de lágrima (de unos 25 cm de longitud y unos 12,5 cm en el punto más ancho). Retire la placa del horno y deje caer con fuerza el *naan* sobre ella. Vuelva a introducirla rápidamente en el horno y hornee durante 3 minutos. El *naan* debe hincharse. Retire la placa del horno y colóquela de inmediato bajo el gratinador, a unos 7,5-10 cm del calor. Gratine el pan unos 30 segundos, hasta que la parte superior empiece a dorarse. Envuelva el *naan* con un trapo de cocina limpio y manténgalo caliente. Repita el proceso con el resto. Sírvalos calientes.

Para 6 naan

tortillas

véanse variaciones en la página 162

Si no dispone de una prensa para tortillas, puede extenderlas perfectamente con un rodillo de cocina. Procure que queden bien redondas y finas para que el resultado sea perfecto.

255 g de harina
1 ½ cucharaditas de levadura en polvo
1 cucharadita de sal

1 cucharada de aceite de girasol, y un poco
    más para engrasar
180 ml de leche entera templada

Mezcle la harina, la levadura en polvo y la sal en el recipiente de un robot o amasadora con palas (con la batidora a baja potencia). Añada poco a poco el aceite y la leche templada. Incorpórelo bien durante 3 o 4 minutos, hasta que se forme una masa blanda y elástica. Pásela a un cuenco grande ligeramente aceitado y dele vueltas en su interior para que se impregne bien de aceite. Cubra el cuenco y deje que la masa repose durante 20 minutos. Colóquela sobre una superficie de trabajo ligeramente enharinada y divídala en ocho porciones iguales. Forme una bola con cada una, cúbralas y deje que reposen durante 10 minutos.

Sobre una superficie de trabajo algo aceitada, extienda cada una de las bolas hasta formar un círculo de masa lo más fino posible (puede hacerlo con una prensa para tortillas, o bien con un rodillo de cocina). Caliente una sartén grande a fuego fuerte. Cuando esté bien caliente, deje caer una tortilla en la sartén y cuézala 30 segundos por cada lado. La tortilla se hinchará y se formarán burbujas. Presiónela con una espátula mientras se cuece para que se dore uniformemente. Retírela de la sartén, cúbrala y manténgala caliente mientras prepara las demás.

Para 8 tortillas

pan de *pita*

véanse variaciones en la página 163

Aunque se puede congelar o conservar en un recipiente hermético 1 o 2 días y recalentarlo en una tostadora, es mejor comerlo recién hecho.

1 cucharadita de azúcar, y una más
240 ml de agua templada
2 cucharaditas de levadura seca activa
320 g de harina

2 cucharaditas de sal
2 cucharaditas de aceite de oliva,
   y un poco más para engrasar
polenta fina

Disuelva 1 cucharadita de azúcar en el agua templada, espolvoree la levadura por encima y deje que el líquido repose entre 10 y 15 minutos, hasta que esté espumoso. Tamice la harina y la sal en un cuenco grande, y añada la cucharadita de azúcar restante. Haga un hueco en el centro, y vierta la preparación de levadura y el aceite de oliva. Mézclelo hasta que obtenga una masa. Póngala en una superficie de trabajo ligeramente aceitada y amásela durante 10 minutos, hasta que esté blanda, sedosa y elástica. Pásela a un cuenco grande algo aceitado y dele vueltas en su interior para que se impregne bien de aceite. Cubra el cuenco y deje que la masa repose en un lugar templado más o menos 1 hora, hasta que doble su tamaño.

Precaliente el horno a 220 °C y coloque una placa grande para el horno en el centro. Ponga la masa en una superficie espolvoreada con un poco de polenta. Trabájela durante 2 minutos, hasta que libere todo el aire y la masa esté lisa. Divídala en 8 porciones iguales y forme una bola con cada una. Estiéndalas con un rodillo para darles una forma ovalada y un grosor de unos 3 mm. Si la placa es lo bastante grande para hornear 4 *pitas* a la vez, algo separadas entre sí, prepare 4 y cubra el resto. Retire la placa del horno, espolvoree rápidamente un poco de polenta por encima y coloque los panes de *pita* encima, ligeramente separados entre sí. Hornéelos entre 5 y 8 minutos. Cuando se hinchen, retírelos del horno. Repita el proceso con el resto de la masa.

Para 8 pitas

pan plano de Oriente Próximo (receta de Carly)

véanse variaciones en la página 164

Este pan no contiene trigo, ni gluten, ni lactosa, ni levadura, y aun así está delicioso, especialmente acompañado de humus. Es preferible comerlo el mismo día, ya que no se conserva muy bien.

130 g de harina de arroz
85 g de harina de tapioca
40 g de fécula de patata
½ cucharadita de goma xantana
½ cucharadita de bicarbonato sódico
½ cucharadita de sal
2 cucharaditas de semillas de comino

50 ml de zumo de naranja
50 ml de aceite de oliva virgen
    extra y 6 cucharadas más para freír
50 ml de leche de arroz
agua

Mezcle todos los ingredientes en un cuenco grande. Añada cucharadas de agua, de una en una, hasta que obtenga una masa. Pásela a una superficie enharinada y córtela en 4 porciones. Forme una bola con cada una y modélela hasta que tenga una forma ovalada de 1,5 cm de grosor. La masa se romperá fácilmente y los bordes quedarán rugosos. Alíselos un poco con los dedos.

Caliente 6 cucharadas de aceite de oliva en una sartén grande. Cuando el aceite esté caliente (sin que llegue a humear), añada dos panes planos y fríalos 3 minutos por cada lado. Repita el proceso con los panes restantes. Sírvalos calientes o templados.

Para 4 panes planos

pan plano de romero y aceite de oliva

véanse variaciones en la página 165

Este pan se prepara con masa de pizza. En la barbacoa queda delicioso, pero también se puede cocer en una sartén a fuego fuerte.

1 porción de masa de pizza (*véase* la receta de la pizza de salami en la página 149)
aceite de oliva virgen extra para untar

las hojas de unas ramitas de romero
sal marina gruesa

Prepare la masa de pizza siguiendo la receta básica. Aplástela con los puños y divídala en 8 porciones iguales. Extiéndalas hasta que tengan una forma ovalada y un grosor de unos 6 mm.

Caliente una sartén a fuego medio-alto, úntela con aceite de oliva y fría los panes planos de 3 a 4 minutos por cada lado, hasta que estén dorados y un poco chamuscados. Imprégnelos con un poco de aceite de oliva mezclado con las hojas de romero, esparza un poco de sal gruesa y sírvalos inmediatamente.

Para 8 panes planos

pizza de salami, tomate y albahaca

véanse variaciones en la página 166

Preparar su propia pizza no solo es fácil, sino también divertido, sano y económico.

1 cucharadita de azúcar disuelto en 355 ml de agua templada
2 cucharaditas de levadura seca activa
510 g de harina de fuerza blanca
2 cucharaditas de sal

10 cucharadas de salsa para pizza (*véase* la receta de la pizza de masa madre en la página 150)
20 hojas de albahaca fresca
8 lonchas de salami

200 g de queso mozzarella cortado en rodajas
aceite de oliva para engrasar y rociar
polenta fina

Espolvoree la levadura sobre la preparación de agua y azúcar, y deje que el líquido repose entre 10 y 15 minutos, hasta que esté espumoso. Mezcle la harina y la sal en un cuenco grande. Haga un hueco en el centro, vierta la preparación de levadura incorpore todo hasta que se forme una masa blanda. Pásela a una superficie de trabajo ligeramente enharinada y amásela durante 10 minutos, hasta que esté blanda, uniforme y elástica. Espolvoree un poco de harina sobre la masa, cúbrala con film transparente y deje que repose entre 15 y 20 minutos a temperatura ambiente para que se extienda con más facilidad. Divida la masa en dos porciones. Es conveniente extender la masa entre 15 y 20 minutos antes de hornearla.

Precaliente el horno a 260 °C y coloque una placa para el horno grande o una piedra para pizza en el centro del horno. Espolvoree la superficie de trabajo con un poco de polenta fina, coloque las dos porciones de masa encima y extiéndalas con un rodillo hasta formar dos círculos de unos 6 mm de grosor. Corte dos trozos de papel de aluminio un poco más grandes que las bases para pizza, úntelos con una pizca de aceite de oliva, espolvoree un poco de polenta fina por encima y ponga encima las bases para pizza. Reparta uniformemente 5 cucharadas de salsa para pizza sobre cada base. Coloque después las hojas de albahaca, las lonchas de salami y las rodajas de mozzarella en los espacios vacíos. Deje cocer las pizzas en el centro del horno, de una en una, entre 8 y 10 minutos, hasta que estén doradas y crujientes. Sírvalas inmediatamente.

Para 2 pizzas grandes

pizza de masa ácida con salchichas, pimiento y champiñones

véanse variaciones en la página 167

Las pizzas preparadas con masa ácida son deliciosas. Use la salsa para pizza de esta receta para preparar todas las pizzas de este capítulo. También puede servirle para platos de pasta o de pescado.

Para la salsa
1 cucharada de aceite de oliva
1 cebolla grande picada
2 dientes de ajo picados
2 latas de 400 g de tomate
  troceado
1 pastilla de caldo de verduras
  o de pollo
1 cucharada de salsa worcestershire
1 cucharadita de azúcar
8 cucharadas de tomate concentrado
1 cucharadita de orégano seco
8 hojas de albahaca partidas
sal y pimienta al gusto

Para la cobertura
10 cucharaditas de salsa para pizza
  (*véase* inferior)
340 g de salchichas italianas
  (cocidas, desmenuzadas y escurridas)
300 g de champiñones laminados
  ligeramente salteados y escurridos
1 pimiento morrón sin semillas y cortado
  en finas láminas
450 g de queso provolone rallado

½ porción de masa ácida
  (*véase* la receta en la página 34)
polenta fina para espolvorear

Prepare la salsa para pizza. (Con esta receta dispondrá de más salsa de la que va a necesitar, pero la puede usar en muchas recetas. A mí me gusta conservar un poco en el frigorífico o en el congelador.) Caliente el aceite en una cacerola mediana a fuego medio. Saltee la cebolla y el ajo durante unos 5 minutos, hasta que se ablanden. Añada los tomates troceados con su líquido, la pastilla de caldo, la salsa worcestershire, el azúcar, el tomate concentrado, el orégano y la albahaca. Cuézalo a fuego lento hasta que espese. Condimente la salsa al gusto con sal y pimienta negra recién molida. Deje que se enfríe y consérvela en el frigorífico.

Precaliente el horno a 230 °C. Divida la masa en dos porciones y extiéndalas con un rodillo para obtener dos círculos de unos 6 mm de grosor. Corte dos trozos de papel de aluminio un poco más grandes que las bases, úntelos con un poco de aceite de oliva y espolvoréelos con polenta fina. Coloque las bases sobre el papel de aluminio. Extienda uniformemente la salsa para pizza y la mitad del queso sobre las bases. A continuación, distribuya las salchichas, los champiñones, el pimiento y el resto del queso. Hornéelas unos 10 minutos, hasta que la bases estén crujientes y el queso se derrita. Sírvalas inmediatamente.

Para 2 pizzas medianas

pizza de *pepperoni* con el borde relleno de queso

véanse variaciones en la página 168

La masa de esta pizza es muy fácil de preparar. El secreto del borde relleno reside en el queso: hay que cortarlo en tiras. Si no lo encuentra ya cortado, puede hacerlo usted mismo. Acompañe la pizza con un poco de salsa para mojar. A los niños les encanta.

255 g de harina de fuerza blanca
1 cucharadita de azúcar
1 cucharadita de levadura seca
   instantánea
1 cucharadita de sal
180 ml de agua templada
1 cucharadita de aceite de oliva

7 palitos de mozzarella o 175 g
   de mozzarella rallada
8 cucharadas de salsa para pizza
120 g de queso cheddar rallado
60 g de champiñones laminados,
   ligeramente salteados
   y escurridos

24 lonchas de *pepperoni*
120 g de mozzarella rallada
2 cucharadas de harina
   de maíz para espolvorear

Espolvoree un poco de harina de maíz sobre una piedra para pizza o una placa para el horno. Ponga la harina y el azúcar en el recipiente de un robot o amasadora con un gancho amasador. Añada la levadura en un lado y la sal en el otro. Haga un hueco en el centro y vierta el agua templada y el aceite de oliva. Mézclelo todo hasta que empiece a formarse una masa. Amásela a baja potencia durante 5 minutos. Extienda la masa con un rodillo hasta obtener una base de unos 35 cm de diámetro y póngala en la placa para el horno. Esparza un poco de harina de maíz por encima y cúbrala con film transparente. Deje que repose a temperatura ambiente durante 30 minutos. Precaliente el horno a 230 °C. Corte los palitos de mozzarella en tiras de unos 2,5 cm y colóquelos a lo largo del perímetro de la base, a unos 2,5 cm del borde. Doble el borde de la base por encima del queso y pellízquelo para sellarlo bien. Cubra la base de la pizza con la salsa, el queso cheddar, los champiñones, el *pepperoni* y la mozzarella. Hornéela entre 15 y 20 minutos, hasta que el borde se dore y el queso se derrita. Sírvala inmediatamente.

Para 1 pizza grande

pizza de marisco y guindilla (sin levadura)

véanse variaciones en la página 169

Esta pizza está repleta de cangrejo, gambas, mozzarella, ajo y tomates. Una pizza digna de un rey.

Para la cobertura
4 dientes de ajo picados
2 cucharadas de aceite
   de oliva virgen
   extra
1 lata pequeña de cangrejo
175 g de gambas peladas
   y cocidas
1 cucharadita de perejil
   fresco picado

5 cucharadas de salsa
   para pizza (*véase* la receta
   en la página 150)
175 g de mozzarella rallada
30 g de queso romano
   rallado
1 guindilla roja pequeña
   sin semillas y picada

Para la masa
190 g de harina
1 cucharada de levadura
   en polvo
½ cucharadita de sal
1 cucharadita de hierbas
   italianas
120 ml de agua
2 cucharadas de aceite
   de oliva virgen extra

Saltee el ajo en el aceite de oliva durante 5 minutos en una sartén grande a fuego medio-bajo. Retírela del fuego y deje que se enfríe. Póngalo en un cuenco mediano y añada el cangrejo, las gambas y el perejil. Mézclelo bien para que quede impregnado de aceite de oliva y ajo. Resérvelo.

Precaliente el horno a 200 °C. Prepare la masa. Tamice la harina, la levadura en polvo y la sal en un cuenco grande. Añada las hierbas y remuévalo todo. Haga un hueco en el centro y vierta 120 ml de agua y 2 cucharadas de aceite de oliva. Mézclelo todo, y vaya incorporando poco a poco la harina en el líquido hasta que se forme una masa. Póngala en una superficie de trabajo ligeramente enharinada y amásela con suavidad durante 5 minutos, hasta que esté uniforme y elástica. Extiéndala con un rodillo hasta formar una base de unos 25 cm de diámetro. Colóquela sobre la placa para el horno. Recúbrala con salsa para pizza, y, a continuación, extienda la mezcla de cangrejo y gambas. Espolvoree con un poco de guindilla y, por último, con los quesos rallados. Hornee la pizza entre 15 y 20 minutos, hasta que la masa se dore y el queso se derrita. Sírvala inmediatamente.

Para 1 pizza mediana

pizza de espinacas, albahaca y mozzarella (sin gluten)

véanse variaciones en la página 170

Tenga cuidado al preparar recetas sin gluten. No solo los productos empleados no deben contenerlo, sino que los utensilios y las superficies de trabajo no deben haber estado en contacto con él.

Para la masa
175 g de harina de arroz
115 g de harina de tapioca
85 g de fécula de patata
2 cucharaditas de goma
  xantana
1 cucharadita de azúcar
1 cucharadita de agar agar
  o gelatina neutra en polvo
1 cucharadita de azúcar
1 cucharadita de sal

2 cucharaditas de levadura
  seca instantánea
355 ml de agua templada
1 cucharada de aceite de oliva
  virgen extra
1 ½ cucharaditas de vinagre
  de arroz

Para la cobertura
2 cucharadas de aceite
  de oliva

60 g de hojas tiernas
  de espinacas frescas
sal y pimienta negra recién
  molida
8 cucharadas de salsa para
  pizza (*véase* la receta
  en la página 150)
240 g de mozzarella
30 g de hojas de albahaca
  fresca
2 cucharadas de polenta fina

Cubra dos placas para el horno con papel sulfurizado y espolvoréelas con polenta. En el recipiente de un robot o amasadora con un gancho amasador, mezcle todos los ingredientes secos de la masa (añada la sal en un lado y la levadura en el otro). Haga un hueco en el centro y agregue el agua templada, el aceite de oliva y el vinagre de arroz. Mézclelo bien todo hasta que obtenga una masa. Amásela a baja potencia durante 5 minutos y pásela a una superficie de trabajo espolvoreada con polenta.

Divida la masa en dos porciones. Espolvoree una de ellas con polenta y extiéndala con un rodillo hasta formar una base de unos 30 cm de diámetro. Póngala en una placa para el horno, espolvoréela con polenta, cúbrala con film transparente y deje que repose en un lugar templado durante 1 hora. Repita el proceso con la otra porción de la masa.

Precaliente el horno a 200 °C. Hornee las bases de pizza 5 minutos y retírelas del horno. En una sartén grande, caliente 2 cucharaditas de aceite de oliva y saltee las espinacas por tandas durante unos segundos, hasta que empiecen a marchitarse. Retire la sartén del fuego y salpimiente las espinacas al gusto. Extienda 4 cucharadas de salsa para pizza sobre cada una de las bases. Trocee la mozzarella y esparza los trozos sobre las bases. A continuación, distribuya las espinacas y la albahaca y hornee las pizzas entre 10 y 12 minutos. Sírvalas inmediatamente.

Para 2 pizzas grandes

pizza de polenta con verduras mediterráneas asadas

véanse variaciones en la página 171

La polenta instantánea se cuece en una sartén grande y se cubre con deliciosas verduras mediterráneas asadas.

4 tomates maduros
1 berenjena grande troceada
2 pimientos rojos sin semillas
    y troceados
1 cebolla roja troceada
2 dientes de ajo picados

2 cucharadas de hojas
    de romero fresco
sal y pimienta negra recién
    molida
3 cucharadas de aceite
    de oliva virgen extra

240 g de polenta instantánea
3 cucharadas de parmesano
    rallado

Precaliente el horno a 230 °C. Ponga las verduras en una fuente para el horno grande. Esparza el ajo y el romero, y salpiméntelas al gusto. Rocíelas con un poco de aceite de oliva, remuévalas bien y hornéelas durante 40 minutos.

Mientras las verduras se asan, cueza la polenta siguiendo las instrucciones del envase. Viértala en una sartén mediana y deje que repose unos 10 minutos. Espolvoree el queso parmesano y gratínela durante 3 o 4 minutos, hasta que se dore y empiece a formar burbujas. Cubra la polenta con las verduras asadas y sirva la pizza inmediatamente.

Para 1 pizza mediana

palitos de parmesano y ajo

véanse variaciones en la página 172

Largos, ligeros, crujientes y con un agradable sabor a parmesano y ajo. Sin duda, los mejores palitos de pan.

1 cucharadita, y 1 ½ cucharadas más de azúcar
355 ml de agua templada
2 cucharaditas de levadura seca activa
450 g de harina de fuerza blanca
1 cucharadita de sal
2 cucharadas de aceite de oliva

Para el acabado
100 g de mantequilla
1 cucharada de sal de ajo
40 g de parmesano rallado
1 cucharada de perejil recién picado

Disuelva 1 cucharadita de azúcar en el agua templada, espolvoree la levadura y deje que el líquido repose entre 10 y 15 minutos, hasta que esté espumoso. En el recipiente de un robot o amasadora con un gancho amasador, mezcle la harina, 1 ½ cucharadas de azúcar y la sal. Haga un hueco en el centro, vierta la preparación de levadura y el aceite de oliva, e incorpórelo hasta que obtenga una masa blanda. Amásela durante 5 minutos. Pásela a un cuenco grande ligeramente aceitado y dele vueltas en su interior para que se impregne bien de aceite. Cubra el cuenco y deje que la masa repose en un lugar templado más o menos 1 hora, hasta que doble su tamaño. Precaliente el horno a 200 °C. En un cazo pequeño, derrita la mantequilla a fuego lento y viértala en un molde grande para brazo de gitano. Espolvoree un poco de sal de ajo y queso parmesano. Ponga la masa en una superficie de trabajo ligeramente enharinada, aplástela con los puños y amásela 1 o 2 minutos. Extiéndala con un rodillo hasta formar un rectángulo de 30 × 40 cm y córtelo en tiras de 12 × 2,5 cm. Dóblelas por la mitad y retuérzalas para crear una especie de trenza. Humedezca los palitos de pan en la mantequilla del molde hasta que estén completamente recubiertos. Cuando haya introducido todos los palitos en el molde, espolvoréelos con un poco más de sal de ajo, queso parmesano y perejil. Hornéelos entre 12 y 15 minutos, hasta que se doren. Deje que se enfríen sobre una rejilla y sírvalos templados.

Para 12 palitos

palitos de tomates secos y aceitunas

véanse variaciones en la página 173

La masa de estos palitos es bastante líquida. No añada más harina de la que se indica en la receta.

510 g de harina de fuerza blanca
1 cucharadita de romero seco
2 cucharaditas de sal
2 cucharaditas de levadura seca instantánea
395 ml de agua templada
3 cucharadas de aceite de oliva virgen extra,
    y un poco más para engrasar

100 g de aceitunas negras deshuesadas troceadas
100 g de tomates secados al sol troceados
    (bien escurridos si están en aceite)
polenta fina para espolvorear

Engrase con aceite una fuente honda, grande y rectangular, y forre dos o tres placas grandes para el horno con papel sulfurizado. En el recipiente de un robot de cocina o amasadora con un gancho amasador, mezcle la harina y el romero seco. Añada la sal en un lado y la levadura en el otro. Agregue el agua templada. Amase a baja potencia entre 5 y 8 minutos, hasta que la masa esté uniforme y se extienda fácilmente (*véase* la prueba de elasticidad en la página 12). Incorpore el aceite de oliva y continúe mezclando. Pase la masa a la fuente para el horno, cúbrala y deje que repose en un lugar templado alrededor de 1 hora, hasta que doble su tamaño. Espolvoree la superficie de trabajo con polenta. Retire con cuidado la masa del recipiente y colóquela sobre la superficie de trabajo. Procure no extraer el aire contenido en la masa. La masa estará todavía bastante líquida. Espolvoréela con harina y polenta. Extiéndala con cuidado hasta formar un rectángulo. Empezando por uno de los lados más largos del rectángulo, corte la masa en 16 tiras. Extienda cada una de ellas hasta que midan unos 23 cm. Colóquelas sobre las placas para el horno, separadas entre sí unos 2,5 cm. Introduzca cada placa en una bolsa de plástico ligeramente engrasada y deje que la masa repose en un lugar templado durante 30 minutos. Precaliente el horno a 220 °C. Retire las bolsas de plástico y hornee las tiras de masa entre 10 y 12 minutos. Deje que los palitos se enfríen sobre una rejilla.

Para 16 palitos

variaciones

naan de ajo y cilantro

véase la receta básica en la página 141

naan de cebolla, ajo y cilantro
Prepare la receta básica, pero añada 30 g de cebolla a la harina.

naan de tomate, ajo y cilantro
Prepare la receta básica, pero agregue 30 g de tomates pelados, sin semillas y troceados a la harina.

naan de ajo y cilantro relleno de patata
Prepare la receta básica. Vierta 1 cucharada de aceite en una sartén a fuego muy suave y saltee 2 patatas medianas cortadas en dados con 1 cebolla pequeña picada, 2 cucharadas de cilantro picado, ½ cucharadita de cúrcuma, ½ cucharadita de *garam masala* y sal y pimienta al gusto hasta que estén tiernas. Tome 1 bola de masa, aplástela y distribuya una pequeña cantidad de patata. Envuelva el relleno con la masa. Forme un círculo con la bola rellena y hornéela como se indica en la receta básica.

naan de ajo y cilantro con *dhal* al coco
Prepare la receta básica y sirva el pan acompañado de *dhal*. En una cacerola, hierva 300 ml de agua y cueza a fuego lento 255 g de lentejas rojas con 1 lata de 400 g de leche de coco, 1 cebolla picada, 2 tomates troceados, 2 guindillas verdes troceadas y 1 cucharadita de cúrcuma durante 20 minutos, hasta que las verduras estén tiernas. Decore el pan con un poco de cilantro picado.

variaciones

tortillas

véase la receta básica en la página 142

tortillas de albahaca, orégano y romero
Prepare la receta básica, pero añada 1 cucharadita de albahaca seca, y la misma cantidad de orégano seco y de romero a la harina.

tortillas con sazonador de fajitas
Prepare la receta básica, pero agregue 2 cucharadas de condimento de fajitas a la harina. Para elaborar el condimento de fajitas, mezcle 4 cucharaditas de guindilla en polvo, 2 de orégano seco y la misma cantidad de comino molido y de sal de ajo.

tortillas para ensalada
Prepare la receta básica. Unte las tortillas con aceite de oliva por ambos lados y salpiméntelas. Coloque cada tortilla sobre un cuenco refractario boca abajo, presiónelas bien contra el mismo y hornéelas a 180 °C durante unos 15 minutos. Deje que se enfríen sobre una rejilla y rellénelas con ensalada.

tortillas de cilantro y guindilla
Prepare la receta básica, pero añada 1 cucharadita de cilantro molido y 30 g de cilantro fresco picado a la harina. Justo antes de cocerlas, espolvoréelas con unos copos de guindilla roja.

variaciones

pan de *pita*

véase la receta básica en la página 144

pan de *pita* con semillas
Prepare la receta básica, pero añada 2 cucharadas de semillas de sésamo y la misma cantidad de semillas de amapola y de linaza a la harina.

sándwich de pan de *pita* y jamón
Prepare la receta básica. Unte los panes de *pita* con un poco de pesto, coloque una rodaja de mozzarella y una loncha fina de jamón de York y doble un poco los panes. Decórelos con otra rodaja de mozzarella más pequeña y un poco de pimienta negra recién molida. Gratínelos en el horno 3 o 4 minutos, hasta que el queso se derrita y se dore.

chips de pan de *pita*
Prepare la receta básica. unte los panes de *pita* con aceite de oliva por ambos lados y córtelos en trozos pequeños. Espolvoree un poco de comino y cilantro molidos y unos copos de guindilla roja y hornéelos a 180 °C durante 10 minutos, hasta que estén crujientes. Condiméntelos con sal al gusto.

pan de *pita* con comino y cilantro
Prepare la receta básica, pero añada 2 cucharaditas de comino molido y 1 cucharada de cilantro picado a la harina.

variaciones

pan plano de Oriente Medio (receta de Carly)

véase la receta básica en la página 145

pan plano con perejil, tomillo e hinojo
Prepare la receta básica, pero añada 1 cucharada de perejil picado, 1 cucharadita de tomillo seco
y la misma cantidad de semillas de hinojo a la harina.

pan plano con romero
Prepare la receta básica, pero agregue 1 cucharada de hojas de romero fresco troceadas a la harina.

pan plano con humus
Prepare la receta básica y sirva el pan acompañado de humus. Pique en un robot de cocina 400 g
de garbanzos en conserva, enjuagados y escurridos, con aceite de oliva y zumo de limón al gusto y un
poco de agua (si es necesario). Añada dos cebollas tiernas picadas, 2 tomates pelados (sin semillas
y troceados) y ½ cucharadita de pimentón.

variaciones

pan plano de romero y aceite de oliva

véase la receta básica en la página 146

pan plano con pasta de guindilla picante

Prepare la receta básica. En lugar de aceite de oliva y romero, unte el pan con 1 cucharadita de pasta de guindilla justo después de sacarlo de la sartén. Para la salsa de guindilla, maje en un mortero 2 dientes de ajo picados, 1 guindilla verde sin semilla y troceada, 2 cucharaditas de semillas de sésamo, la misma cantidad de cilantro molido, 2 cucharadas de aceite de oliva y otro tanto de cilantro recién picado.

pan plano de sésamo

Prepare la receta básica, pero añada 2 cucharadas de semillas de sésamo a la harina.

pan plano de cebolla roja, tomate y romero

Prepare la receta básica, pero prescinda del aceite de oliva y el romero. Caliente 1 cucharada de aceite de oliva y rehogue 2 cebollas rojas cortadas en rodajas finas hasta que se ablanden. Añada la mitad de la cebolla a la harina del cuenco. Pique las hojas de 5 o 6 ramitas de romero y agréguelas al resto de la cebolla. Cubra los panes con la cebolla al romero y 150 g de tomates cereza justo al sacarlos de la sartén.

variaciones

pizza de salami, tomate y albahaca

véase la receta básica en la página 149

pizza *alla puttanesca*

Prepare la masa básica. Extienda 4 cucharadas de salsa para pizza sobre cada una de las bases y cúbralas con los siguientes ingredientes antes de hornearlas: 1 diente de ajo picado, 6 anchoas, 1 cucharada de alcaparras, 30 g de aceitunas, 100 g de mozzarella rallada y 1 cucharada de perejil fresco picado.

pizza de beicon crujiente, mozzarella y aceitunas negras

Prepare la masa básica. Extienda 4 cucharadas de salsa para pizza sobre cada una de las bases y cúbralas con los siguientes ingredientes: 6 lonchas de beicon (cocidas hasta que estén crujientes y troceadas), 100 g de mozzarella cortada en rodajas y unas aceitunas negras deshuesadas.

pizza de tomates cereza asados y cheddar

Prepare la masa básica. Esparza 4 cucharadas de salsa para pizza sobre cada una de las bases, y añada 60 g de queso cheddar rallado, unos cuantos tomates cereza y otros 60 g de queso cheddar rallado.

pizza de calabacín, cebolla roja y romero

Prepare la masa básica. Extienda 4 cucharadas de salsa para pizza sobre cada una de las bases, y agregue 3 cucharadas de cebollas rojas salteadas, 6 rodajas finas de calabacín y 2 cucharaditas de hojas de romero fresco troceadas. Incorpore 85 g de queso cheddar rallado.

variaciones

pizza de masa ácida con salchichas, pimiento y champiñones

véase la receta básica en la página 150

pizza 4 quesos con rodajas de tomate

Prepare la masa básica. Extienda 4 cucharadas de salsa para pizza sobre cada una de las bases y añada 1 tomate cortado en rodajas. Mezcle 85 g de mozzarella rallada, 30 g de gruyer rallado y la misma cantidad de asiago rallado. Espolvoréelo sobre las pizzas, junto con 15 g de pecorino rallado y rocíelas con un poco de aceite de oliva.

pizza invertida de jamón, cheddar y champiñones

Prepare la masa básica. Extienda 100 g de queso cheddar rallado, 4 lonchas de jamón, 2 cucharadas de pimiento rojo asado cortado en rodajas y 2 cucharadas de champiñones laminados salteados sobre cada una de las masas. Cubra los ingredientes con 8 cucharadas de salsa para pizza. Hornee las pizzas durante 5 minutos más, para asegurarse de que la base esté bien cocida.

pizza blanca de jamón y mozzarella

Prepare la masa básica. Extienda 4 cucharadas de bechamel sobre cada una de las bases, ponga 4 lonchas de jamón serrano y espolvoree 100 g de mozzarella rallada.

pizza al pesto con tomate y queso de cabra

Prepare la masa básica. Extienda 4 cucharadas de pesto sobre cada una de las bases, y añada 3 tomates cortados en rodajas, 100 g de queso de cabra cortado en dados y un chorrito de aceite de oliva. Decórelas con albahaca fresca.

variaciones

pizza de *pepperoni* con el borde relleno de queso

véase la receta básica en la página 152

pizza de Fráncfort con el borde relleno de queso
Prepare la masa básica. Extienda 4 cucharadas de salsa para pizza sobre la base, y añada 60 g de queso cheddar rallado, 3 cucharadas de champiñones cortados en láminas y salteados, 4 salchichas pequeñas cortadas por la mitad y otros 60 g de cheddar rallado.

pizza de pollo cajún y guindilla con el borde relleno de queso
Prepare la masa básica. Extienda 4 cucharadas de salsa para pizza sobre la base, y agregue 100 g de pollo cocido al estilo cajún y 100 g de mozzarella rallada. Espolvoree unos copos majados de guindilla roja.

pizza de jamón de Parma y tomate con el borde relleno de queso
Prepare la masa básica. Extienda 4 cucharadas de salsa para pizza sobre la base. Añada 4 lonchas de jamón de Parma y 2 tomates cortados en rodajas, y cubra los ingredientes con 85 g de queso cheddar rallado.

pizza mexicana de frijoles rojos con el borde relleno de queso
Prepare la masa básica. Mezcle 5 cucharadas de salsa para pizza con 100 g de frijoles rojos en lata (escurridos), 1 diente de ajo picado, ½ cucharadita de guindilla en polvo y 2 cucharadas de cilantro picado. Extienda la preparación sobre la base, cúbrala con 85 g de queso gruyer y decórela con roqueta fresca.

variaciones

pizza de marisco y guindilla (sin levadura)

véase la receta básica en la página 153

pizza de salchichas italianas, champiñones y albahaca

Prepare la masa básica. Extienda 4 cucharadas de salsa para pizza sobre la base, y añada 60 g de queso cheddar rallado, 100 g de salchichas italianas cocidas y desmenuzadas y 2 cucharadas de champiñones laminados y salteados. Cubra los ingredientes con otros 60 g de queso cheddar rallado y decore la pizza con 6 hojas de albahaca fresca.

pizza de jamón y piña

Prepare la masa básica. Extienda 4 cucharadas de salsa para pizza sobre la base, y agregue 60 g de queso cheddar rallado, 100 g de jamón cortado en lonchas finas y 60 g de piña troceada. Cubra los ingredientes con otros 85 g de queso cheddar rallado.

pizza de cebolla, *pepperoni*, champiñones y pimiento

Prepare la masa básica. Extienda 4 cucharadas de salsa para pizza sobre la base, e incorpore 60 g de queso cheddar, 3 cucharadas de cebolla cortada en rodajas y salteada, 10 lonchas de *pepperoni*, 2 cucharadas de champiñones cortados en láminas y salteados y 2 cucharadas de rodajas de pimiento rojo. Cubra los ingredientes con 85 g de mozzarella rallada.

pizza de tomate fresco y aceitunas

Prepare la masa básica. Corte 3 tomates en rodajas y extiéndalas sobre la base. Esparza un puñado de aceitunas negras deshuesadas y cubra los ingredientes con 100 g de mozzarella cortada en rodajas.

variaciones

pizza de espinacas, albahaca y mozzarella (sin gluten)

véase la receta básica en la página 154

pizza de calabacín, tomates cereza y brie (sin gluten)

Prepare la masa básica. Extienda 4 cucharadas de salsa para pizza, 6 rodajas finas de calabacín, 6 tomates cereza y 85 g de queso brie cortado en rodajas sobre cada una de las bases. Decore las pizzas con 6 hojas de albahaca.

pizza de langostinos, espinacas y mozzarella (sin gluten)

Prepare la masa básica. Distribuya sobre cada una de las bases 60 g de langostinos, 30 g de espinacas blanqueadas y 85 g de mozzarella cortada en rodajas.

pizza de pollo, beicon, guindilla y queso cheddar (sin gluten)

Prepare la masa básica. Extienda 4 cucharadas de salsa para pizza sobre cada una de las bases, y añada 85 g de pollo cocido al estilo cajún, 6 lonchas de *pepperoni* y 3 de beicon (cocidas hasta que estén crujientes). Esparza 1 guindilla roja sin semillas y picada, seguida de 85 g de mozzarella y cheddar rallados.

pizza margarita (sin gluten)

Prepare la masa básica. Extienda 4 cucharadas de salsa para pizza sobre cada una de las bases, y agregue 60 g de mozzarella rallada, 1 cucharada de queso parmesano rallado, unos cuantos tomates cereza cortados por la mitad y 2 cucharadas de hojas de albahaca picadas sobre cada pizza.

variaciones

pizza de polenta con verduras mediterráneas asadas

véase la receta básica en la página 157

pizza de polenta con salchichas, champiñones y beicon

Prepare la receta básica. Prescinda de la cobertuta y distribuya sobre la masa 100 g de salchichas italianas cocidas y desmenuzadas, 85 g de champiñones salteados y 3 lonchas de beicon (cocidas hasta que estén crujientes) cortadas por la mitad. Gratine la pizza 3 o 4 minutos y decórela con 6 hojas de albahaca.

pizza de polenta con espinacas frescas, queso de cabra y tomates cereza

Prepare la receta básica. Prescinda de la cobertura y esparza sobre la masa 2 cucharadas de salsa para pizza, 30 g de espinacas frescas, 85 g de queso de cabra cortado en rodajas y 6 tomates cereza. Gratine la pizza entre 3 y 4 minutos y decórela con 6 hojas de albahaca.

pizza de polenta con mozzarella, anchoas, alcaparras y perejil

Prepare la receta básica. Prescinda de la cobertura y distribuya sobre la masa 2 cucharadas de salsa para pizza, 6 anchoas de calidad, 1 guindilla roja sin semillas y picada, 1 cucharada de alcaparras escurridas y 100 g de mozzarella rallada. Gratine la pizza 3 o 4 minutos y decórela con 2 cucharadas de perejil recién picado.

pizza de polenta con panceta ahumada, mozzarella, guindilla fresca y tomate

Prepare la receta básica. Prescinda de la cobertura y distribuya sobre la masa 3 cucharadas de salsa para pizza, 85 g de panceta troceada, la misma cantidad de mozzarella rallada, 1 tomate cortado en rodajas y 1 guindilla roja sin semillas y picada. Gratine la pizza 3 o 4 minutos y decórela con cilantro recién picado.

variaciones

palitos de parmesano y ajo

véase la receta básica en la página 158

palitos crujientes

Prepare la receta básica. Corte la masa en tiras de 1,5 cm en lugar de 2,5 cm. Hornee los palitos
unos 40 minutos a 150 °C, hasta que estén crujientes.

palitos envueltos con beicon

Prepare la receta básica. Corte 6 lonchas de beicon por la mitad (de unos 12,5 cm de largo). Envuelva
cada palito con un trozo de loncha de beicon y colóquelos sobre una placa para el horno forrada
con papel sulfurizado. Hornéelos a 180 °C hasta que el beicon se dore. Reboce los palillos con queso
parmesano rallado condimentado con ajo y pimienta.

palitos con sabor a pizza

Prepare la receta básica. Esparza un poco de condimento para pizzas sobre los palitos. Para elaborar
el condimento, mezcle 2 cucharadas de orégano, 1 cucharadita de albahaca seca, 1 cucharada de pimienta
con limón, ½ cucharadita de tomillo seco y la misma cantidad de sal, de hinojo, de cebolla en polvo
y de pimentón.

palitos de jalapeños

Prepare la receta básica. Justo antes de espolvorear los palillos con sal de ajo, ponga unas rodajas
de jalapeños (frescos o en conserva).

variaciones

palitos de tomates secos y aceitunas

véase la receta básica en la página 160

palitos de dátiles y queso azul
Prepare la receta básica, pero sustituya las aceitunas por 30 g de dátiles troceados. Añada 60 g
de queso azul desmenuzado al cuenco con la harina.

palitos al curry
Prepare la receta básica, pero prescinda de las aceitunas. Agregue 2 cucharaditas de curry picante
en polvo al cuenco con la harina.

palitos al aroma de fajitas
Prepare la receta básica, pero prescinda de las aceitunas. Añada 1 cucharada de aderezo para fajitas
al cuenco con la harina, y rocíe un poco más del aderezo justo antes de hornear (*véase* la receta
de las variaciones de tortillas en la pág. 162).

palitos de semillas de amapola y calabaza
Prepare la receta básica, pero prescinda de los tomates secados al sol y las aceitunas. Incorpore 30 g
de semillas de amapola y 60 g de semillas de calabaza al cuenco con la harina. Justo antes de hornearlos,
unte los palitos con un poco de mantequilla y espolvoree unas cuantas semillas de amapola más.

panes rellenos

En este capítulo encontrará un gran número

de ideas para rellenar panecillos o panes.

No solo es divertido prepararlos, sino que

también constituyen una buena opción

para desayunar o almorzar fuera de casa.

salchichas de Fráncfort empanadas con mostaza

véanse variaciones en la página 188

Estas salchichas con un toque de pimienta de Cayena y un chorrito de suero de mantequilla recuerdan a las que tradicionalmente se venden en las ferias.

125 g de harina
100 g de polenta
2 cucharadas de azúcar
1 cucharadita de levadura en polvo
¼ de cucharadita de bicarbonato sódico
½ cucharadita de mostaza en polvo
½ cucharadita de pimienta de Cayena
1 cucharadita de sal
55 ml de suero de mantequilla

1 huevo a temperatura ambiente,
ligeramente batido
180 ml de leche entera
8 salchichas de Fráncfort medianas
8 palillos de bambú en remojo u 8 palillos
chinos
aproximadamente 1 litro de aceite de colza
o de girasol
mostaza y kétchup para acompañar

Mezcle la harina, la polenta, el azúcar, la levadura en polvo, el bicarbonato sódico, la mostaza en polvo, la pimienta de Cayena y la sal en un cuenco grande. Haga un hueco en el centro y vierta el suero de mantequilla, el huevo batido y la leche necesaria para obtener una masa líquida espesa. Resérvela.

Vierta el aceite en una cacerola grande de hierro fundido hasta que cubra unos 5 cm de la cacerola y caliéntelo a fuego medio-alto hasta que alcance 180 °C (use un termómetro). Pinche un palillo en el extremo de una salchicha y mójela en la masa líquida de modo que quede completamente cubierta. Introduzca cada salchicha con rapidez en el aceite y fríala unos 3 minutos, hasta que se dore. Retírela del aceite con unas pinzas y deje que se escurra sobre papel de cocina. Repita el proceso con el resto de las salchichas. Sírvalas inmediatamente con un poco de mostaza y kétchup.

Para 12 salchichas

panecillos rellenos de sopa

véanse variaciones en la página 189

Es preferible rellenar estos panecillos con una sopa espesa, ya que las más líquidas empaparían el pan y se filtrarían.

2 cucharaditas de levadura seca activa
300 ml de agua templada
450 g de harina de fuerza blanca
1 cucharadita de sal

1 cucharada de polenta para espolvorear
1 clara de huevo
1 cucharada de agua
aceite para engrasar

Engrase una placa grande para el horno con un poco de aceite y espolvoree una pizca de polenta por encima. Disuelva la levadura en el agua templada y deje que repose entre 10 y 15 minutos, hasta que el líquido esté cremoso. Mezcle la harina y la sal en un cuenco grande. Haga un hueco en el centro y vierta la preparación de levadura. Incorpore todo hasta que obtenga una masa. Amásela durante unos 10 minutos, hasta que esté blanda, uniforme y elástica. Póngala en un cuenco ligeramente aceitado, cúbralo y deje que la masa repose en un lugar templado alrededor de 1 hora, hasta que doble su tamaño. Póngala en una superficie de trabajo ligeramente enharinada y aplástela con los puños. Divídala en cuatro porciones iguales. Forme una hogaza redonda de unos 10 cm con cada una y colóquelas sobre la placa para el horno. Introdúzcala en una bolsa de plástico engrasada y deje que la masa repose durante 35 minutos, hasta que doble su tamaño.

Precaliente el horno a 200 °C. En un cuenco pequeño, bata la clara de huevo y el agua. Use la mitad del líquido para untar los panecillos. Hornéelos durante 15 minutos y úntelos con el resto de la mezcla de huevo. Hornéelos otros 10 o 15 minutos, hasta que se doren. Deje que se enfríen sobre una rejilla. Corte una rebanada de 1,5 cm de la parte superior de los panecillos y vacíelos hasta que quede un caparazón de unos 2 cm de grosor. Rellene los panecillos con una sopa caliente y cremosa (*véanse* variaciones en la página 189) y sírvalos.

Para 4 panecillos

panecillos de *brioche* rellenos de pollo y jamón

véanse variaciones en la página 190

Estos panecillos están rellenos de pollo y jamón y constituyen un perfecto almuerzo para llevar.

1 cucharadita, y 1 cucharada más de azúcar
240 ml de leche templada
2 cucharaditas de levadura seca activa
575 g de harina de fuerza blanca
1 cucharadita de sal
2 huevos a temperatura ambiente,
    ligeramente batidos
2 cucharadas de mantequilla,
    derretida y enfriada
aceite para engrasar

225 g de queso cheddar rallado
60 g de queso crema a temperatura ambiente
100 g de jamón y pollo cocidos y cortados
    en dados
60 g de mozzarella rallada
6 cebollas tiernas picadas
2 tomates sin semillas y troceados
2 cucharaditas de mostaza de Dijon
1 huevo batido
2 cucharadas de parmesano rallado

Engrase un molde para 12 *muffins* con un poco de aceite. Disuelva 1 cucharadita de azúcar en la leche templada y espolvoree la levadura por encima. Deje que el líquido repose entre 10 y 15 minutos, hasta que esté espumoso. Mezcle la harina, la sal y el azúcar restante en un cuenco grande. Haga un hueco en el centro y vierta la preparación de levadura, los huevos y la mantequilla. Incorpore todo con una cuchara de madera. A continuación, bata la masa hasta que deje de pegarse en el cuenco. Sobre una superficie de trabajo ligeramente enharinada, amásela durante 5 minutos, hasta que esté uniforme y elástica. Póngala en un cuenco ligeramente aceitado, cúbrala y deje que repose a temperatura ambiente más o menos 1 hora, hasta que doble su tamaño. Coloque la masa sobre una superficie ligeramente enharinada y amásela 2 minutos, hasta que esté uniforme. Mezcle los ingredientes del relleno. Ponga un círculo de masa en cada uno de los huecos del molde, presiónelo ligeramente hacia dentro y cúbralo con un poco de relleno. Pellizque los bordes de la masa para formar pequeños paquetes. Cubra el molde y deje que los panecillos reposen en un lugar templado 45 minutos. Precaliente el horno a 180 °C. Unte los panecillos con el huevo batido y espolvoree un poco de parmesano. Hornéelos entre 25 y 30 minutos. Sírvalos templados o fríos.
Para 12 panecillos

pan relleno vegetariano

véanse variaciones en la página 191

Sustancioso y saludable, sin duda encantará a todo el mundo.

1 cucharadita de azúcar disuelto
   en 240 ml de agua templada
2 cucharaditas de levadura seca activa
385 g de harina de fuerza blanca
1 cucharadita de sal
2 cucharadas de azúcar
60 ml, y 2 cucharadas más de aceite de oliva
1 cebolla grande picada
4 dientes de ajo picados
¼ de cucharada de guindilla en polvo

1 cucharadita de cilantro molido
½ cucharadita de *garam masala*
2 guindillas verdes sin semillas y picadas
1 patata grande pelada, cortada en dados
   y sancochada (cocida en agua hirviendo)
1 zanahoria grande pelada, cortada en dados
   y blanqueada
4 cucharadas de frijoles rojos en lata aplastados
30 g de espinacas cocidas y escurridas
1 huevo batido

Espolvoree la levadura sobre la preparación de agua y azúcar, y deje que el líquido repose entre 10 y 15 minutos, hasta que esté espumoso. Mezcle la harina, la sal y 2 cucharadas de azúcar en un cuenco grande. Haga un hueco en el centro y vierta la preparación de levadura. Añada 60 ml de aceite de oliva y mezcle hasta que empiece a formarse una masa. Amásela 10 minutos, hasta que esté sedosa. Póngala en un cuenco grande algo aceitado y dele vueltas para impregnarla de aceite. Cubra el cuenco y deje que la masa repose durante más o menos 1 hora, hasta que doble su volumen. Mientras tanto, prepare el relleno. Caliente el aceite en una sartén grande y saltee la cebolla durante 5 minutos, hasta que se ablande. Agregue el ajo, la guindilla en polvo, el cilantro y el *garam masala*. Cueza durante 2 minutos. Incorpore el resto de los ingredientes y cueza durante otros 5 minutos. Deje que se enfríe y resérvelo. Precaliente el horno a 200 °C. Ponga la masa en una superficie de trabajo ligeramente enharinada y aplástela con los puños. Aplánela y extiéndala hasta formar un rectángulo grande. Coloque el relleno en el centro del rectángulo y doble los lados sobre el relleno. Ponga el pan sobre una placa para el horno cubierta con papel sulfurizado, úntelo con el huevo batido y hornéelo durante unos 35 minutos, hasta que se dore. Deje que se enfríe sobre una rejilla y sírvalo caliente.

Para 1 hogaza

pan relleno de beicon, salchichas y huevo duro

véanse variaciones en la página 192

Este pan se ha rellenado con los ingredientes típicos de un desayuno inglés completo.

510 g de harina de fuerza blanca
2 cucharaditas de sal
1 cucharada de levadura seca instantánea
60 ml de aceite de oliva
320 ml de agua templada

6 lonchas de beicon (cocidas hasta
    que estén crujientes) desmenuzadas
4 salchichas cocidas y troceadas
2 huevos duros troceados
2 tomates pera grandes, sin semillas y troceados

Ponga la harina en un cuenco grande. Añada la sal en un lado y la levadura en el otro. Haga un hueco en el centro, y vierta el aceite de oliva y tres cuartas partes del agua templada. Incorpore gradualmente el resto del agua, hasta que la preparación se convierta en una masa blanda pero no pastosa. Pásela a una superficie de trabajo ligeramente enharinada y amásela durante 10 minutos, hasta que esté sedosa y elástica. Póngala en un cuenco grande ligeramente aceitado y dele vueltas en su interior para impregnarla de aceite. Cubra el cuenco y deje que la masa repose en un lugar templado más o menos 1 hora, hasta que doble su tamaño. Póngala sobre una superficie de trabajo un poco enharinada y aplánela para formar un rectángulo de unos 35 × 30 cm, procurando no extraer las burbujas de aire que contiene la masa. Esparza el beicon, las salchichas, los huevos y los tomates, y enrolle la masa por el lado más largo. Forme una espiral con el rollo y colóquela en una placa para el horno forrada con papel sulfurizado. Cubra la bandeja y deje que la masa repose a temperatura ambiente más o menos 1 hora, hasta que por lo menos doble su tamaño. Precaliente el horno a 220 °C y coloque una fuente refractaria grande en la parte inferior. Cuando la masa suba, llene la fuente con agua caliente hasta la mitad de su capacidad y coloque la masa en el centro del horno. Hornéela durante unos 30 minutos, hasta que se dore y, al golpear la base del pan, suene hueco. Deje que se enfríe sobre una rejilla.

Para 1 hogaza

pan de maíz con jalapeños, beicon y cheddar

véanse variaciones en la página 193

Desde que lo inventaran los indígenas americanos, el pan de maíz ha ido evolucionando.
Se pueden preparar versiones muy sencillas o, como en esta receta, repletas de interesantes aromas.

90 g de harina
140 g de polenta
50 g de azúcar
1 cucharada de levadura en polvo
½ cucharadita de bicarbonato sódico
½ cucharadita de sal
1 huevo a temperatura ambiente
    ligeramente batido

240 ml de leche entera
50 g de mantequilla derretida y enfriada,
    y un poco más para engrasar
6 lonchas de beicon (cocidas hasta
    que estén crujientes) desmenuzadas
2 cucharadas de miel
1 jalapeño picado
175 g de queso cheddar rallado

Precaliente el horno a 220 °C y engrase una fuente refractaria de 20 × 20 cm con un poco de mantequilla.
Mezcle la harina, la polenta, el azúcar, la levadura en polvo, el bicarbonato sódico y la sal en un cuenco grande,
y resérvelo. En un cuenco mediano, bata los huevos, la leche y la mantequilla derretida. Haga un hueco en el
centro de la preparación de harina, vierta la de leche y añada el beicon desmenuzado. Mézclelo todo bien. Pase
el preparado a la fuente para el horno. Rocíelo con la miel y esparza el jalapeño y el queso cheddar. Hornee el
pan entre 20 y 25 minutos, hasta que la parte superior se dore y el queso se derrita y se dore ligeramente. Retire
el pan del horno y deje que se enfríe sobre una rejilla. Córtelo en cuadrados y sírvalo templado o frío.

Para 8 porciones

focaccia al pesto con ricotta y tomate

véanse variaciones en la página 194

Para conseguir un pan incluso más aromático, añada a la masa unas hojas de romero fresco troceadas.

255 g de harina de fuerza blanca
½ cucharadita de sal
2 cucharaditas de ajo en polvo
2 cucharaditas de hierbas italianas secas
1 cucharadita de levadura seca activa
180 ml de agua templada
1 ½ cucharadas de aceite de oliva virgen extra,
    y un poco más parar rociar y engrasar
sal marina gruesa
unas hojas de romero

Para el relleno
5 tomates pera cortados por la mitad
    y asados en el horno con 1 cucharada
    de aceite de oliva
175 g de queso ricotta
sal y pimienta negra recién molida
4 cucharadas de pesto (*véanse* las variaciones
    de la receta en la página 194)

Forre una placa grande para el horno con papel sulfurizado y engrase una fuente de cristal rectangular refractaria (23 × 18 cm) con un poco de aceite de oliva. Incorpore bien la harina, la sal, el ajo en polvo y las hierbas secas en un cuenco grande. Mezcle la levadura con 120 ml de agua templada en un cuenco pequeño, y remueva hasta que se disuelva. Deje que el líquido repose durante 5 minutos. Haga un hueco en el centro de la mezcla de harina y vierta la de levadura y 1 ½ cucharadas de aceite de oliva. Remueva la preparación con una rasqueta de plástico o con las manos. Vaya agregando gradualmente el resto del agua hasta que se forme una masa pegajosa. Puede que no necesite usar toda el agua. Pase la masa a una superficie de trabajo ligeramente enharinada y amásela durante 10 minutos, hasta que esté uniforme y elástica. Al principio estará bastante húmeda, pero se acabará formando una capa uniforme en la superficie. Ponga la masa en la fuente aceitada, cúbrala con un paño de cocina y deje que repose en un lugar templado más o menos 1 hora.

Ponga la masa en una superficie de trabajo un poco enharinada y extiéndala hasta formar un rectángulo, procurando no extraer el aire de la masa. Colóquela en la placa para el horno. Introdúzcala en una bolsa de

plástico engrasada y deje que la masa repose alrededor de 1 hora, hasta que doble su tamaño. Precaliente el horno a 220 °C. Retire la placa de la bolsa de plástico y forme varios huecos sobre la masa presionándola con los dedos. Rocíe la *focaccia* con 1 o 2 cucharadas de aceite de oliva y espolvoree un poco de sal gruesa por encima. Esparza unas hojas de romero sobre la masa y presiónelas ligeramente. Hornee el pan 15 minutos, hasta que la parte superior se dore y, al golpear la base del pan, suene hueco. Deje que se enfríe sobre una rejilla. Corte la *focaccia* por la mitad en horizontal y gratine un poco los lados del corte. En un cuenco pequeño, salpimiente la ricotta al gusto. Unte la superficie cortada de la mitad inferior de la *focaccia* con la ricotta y distribuya los tomates. Unte la mitad superior de la *focaccia* con pesto y haga un sándwich con las 2 mitades. Corte la *focaccia* y sírvala inmediatamente.

Para 8 porciones

rollos de pan fritos rellenos de verduras

véanse variaciones en la página 195

Sirva estos deliciosos rollos de pan calientes, acompañados con una salsa de guindilla dulce.

1 cucharada de aceite de oliva
1 cucharadita de semillas de comino
1 cebolla grande picada
2 dientes de ajo picados
2 guindillas verdes sin semillas y picadas
1 cucharada de jengibre fresco picado
1 cucharadita de cilantro molido
½ cucharadita de *garam masala*
1 cucharadita de curry en polvo

¼ de cucharadita de cúrcuma
200 g de judías de careta enlatadas,
    escurridas y aplastadas
30 g de cilantro recién picado
sal y pimienta negra recién molida
8 rebanadas de pan grandes
un poco de maicena
1 cucharada de aceite vegetal para freír

Caliente 1 cucharada de aceite de oliva en una sartén grande y tueste las semillas de comino durante 1 minuto. Añada la cebolla y el ajo picados, y saltéelo a fuego medio-lento durante 5 minutos, hasta que se ablande. Agregue las guindillas, el jengibre y las especias, y cueza otros 3 minutos. Incorpore las judías aplastadas y el cilantro picado. Remuévalo bien. Deje que cueza a fuego lento unos 5 minutos, retire la sartén del fuego y deje que se enfríe. Salpimiente al gusto. Llene un plato plano con agua fría, moje las rebanadas de pan en el agua durante un instante y escúrralas presionándolas con las manos. Coloque las rebanadas de pan sobre la superficie de trabajo y ponga 2 cucharadas del relleno en el centro de cada una. Enrolle las rebanadas para sellar el relleno y espolvoréelas con un poco de maicena. Si dispone de tiempo, reserve los rollos en el frigorífico durante 30 minutos. Caliente el aceite. Antes de que humee, fría los rollos entre 3 y 5 minutos, hasta que se doren bien. Deje que se escurran sobre papel de cocina y manténgalos calientes mientras fríe el resto. Sírvalos calientes.

Para 8 rollos

stromboli de pollo y guindilla

véanse variaciones en la página 196

Si le ha sobrado un poco de pollo, esta es la manera perfecta de aprovecharlo. Condiméntelo con guindillas y tomates, añádale queso, y el éxito está asegurado.

340 g de pollo cocido frío y deshuesado
2 guindillas verdes sin semillas y picadas
100 g de queso crema a temperatura
    ambiente
60 g de pimiento rojo asado, pelado,
    sin semillas y troceado
1 cucharada de miel
1 ración de masa de pan blanco
    (*véase* la receta en la página 17)

6 cucharadas de salsa para pizza
    (*véase* la receta en la página 150)
1 huevo ligeramente batido
2 cucharadas de perejil recién picado
6 tiras finas de pimiento rojo asado,
    pelado y sin semillas
1 cucharada de mantequilla derretida,
    y un poco más para engrasar
ajo en polvo para espolvorear

Precaliente el horno a 180 °C y engrase una placa grande para el horno con un poco de mantequilla. Mezcle el pollo, las guindillas, el queso crema, 60 g de pimiento rojo y la miel en un cuenco grande. Después de dejar que la masa de pan blanco repose, póngala en una superficie de trabajo ligeramente enharinada y aplástela con los puños. Extiéndala un poco con un rodillo y deje que repose 10 minutos. Extiéndala de nuevo hasta formar un rectángulo de 38 × 25 cm y distribuya la salsa para pizza, dejando un pequeño borde a lo largo de todo el perímetro. Extienda la preparación de pollo sobre la salsa. Doble los lados más cortos del rectángulo y enróllelo desde uno de los lados largos para formar una especie de brazo de gitano. Pase el rollo a la placa para el horno, con el lado del pliegue hacia abajo, y úntelo con el huevo batido. Espolvoree el perejil picado por encima y coloque las tiras de pimiento en la parte superior del rollo, separadas entre sí unos 5 cm. Con un cuchillo afilado, haga cinco o seis cortes diagonales de 1,5 cm de profundidad sobre la superficie del pan. Hornéelo entre 25 y 30 minutos, hasta que se dore. Retírelo del horno, unte la parte superior con la mantequilla derretida y espolvoree el ajo en polvo.

Para 6 porciones

panecillos de ajo rellenos de albóndigas

véanse variaciones en la página 197

Estos pequeños panecillos constituyen un excelente tentempié. Para darles un toque extra de sabor, puede mojarlos en salsa para pizza.

la masa de la receta de los
    panecillos tradicionales
    (*véase* pág. 249)
675 g de carne de ternera
    magra picada
40 g de pan rallado
1 cebolla grande picada
1 diente de ajo picado

1 cucharada de salsa
    worcestershire
1 cucharada de salsa de soja
2 cucharadas de hierbas
    italianas secas
2 cucharadas de caldo de carne
1 huevo ligeramente batido
35 g de harina

2 cucharadas de aceite de oliva
3 cucharadas de ajo en polvo
150 g de mozzarella en rodajas
1 huevo batido
3 cucharadas de perejil picado
500 ml de salsa para pizza
    triturada para mojar (*véase*
    la receta en la página 150)

Prepare la masa como se indica en la receta de los panecillos tradicionales y deje que fermente. Elabore las albóndigas. En un cuenco grande, mezcle bien la carne picada, el pan rallado, la cebolla, el ajo, la salsa worcestershire, la salsa de soja, las hierbas, el caldo y el huevo. Forme 15 albóndigas y enharínelas. Caliente 2 cucharadas de aceite de oliva en una sartén grande y fría las albóndigas entre 10 y 15 minutos, hasta que estén doradas por todos los lados y bien cocidas por dentro. Deje que escurran el exceso de aceite sobre papel de cocina. Cuando la masa suba, póngala en una superficie de trabajo ligeramente enharinada y aplástela con los puños. Divídala en 15 porciones iguales y forme una bola con cada una. Extiéndalas hasta formar un círculo lo más fino posible, y espolvoree un poco de ajo en polvo. Coloque una albóndiga sobre cada círculo de masa, añada una rodaja de mozzarella encima y doble la masa hasta cubrir por completo el relleno. Pellizque los bordes para que el relleno quede bien sellado. Coloque los panecillos sobre una placa para el horno, con el lado del pliegue hacia abajo, cúbralos con film transparente y deje que reposen durante 10 minutos. Destápelos, úntelos con el huevo batido, espolvoree un poco de perejil picado y hornéelos unos 20 minutos, hasta que se doren. Sírvalos de inmediato acompañados de salsa para pizza.

Para 5 panecillos

variaciones

salchichas de Fráncfort empanadas con mostaza

véase la receta básica en la página 175

minisalchichas vegetarianas empanadas Prepare la receta básica, pero con minisalchichas vegetarianas. En lugar de palillos, use pinzas para empanarlas y freírlas.

salchichas de Fráncfort empanadas con queso
Prepare la receta básica, pero sustituya las salchichas por palitos de queso duro (como, por ejemplo, cheddar) un poco más pequeños que las salchichas.

salchichas italianas empanadas
Prepare la receta básica, pero utilice salchichas italianas (cocidas y enfriadas).

manzana empanada
Prepare la receta básica, pero sustituya la mostaza y la pimienta de Cayena por 2 cucharadas de azúcar. En lugar de las salchichas, emplee rodajas gruesas de manzana (pelada y sin corazón). En vez de palillos, use pinzas para rebozarlas y freírlas. Espolvoree las rodajas de manzana con canela y azúcar antes de servirlas.

variaciones

panecillos rellenos de sopa

véase la receta básica en la página 176

panecillos al cilantro rellenos de sopa de calabaza

Prepare la receta básica. Para la sopa, cueza 1 calabaza de San Roque sin semillas y troceada, 1 cebolla bien picada, 1 zanahoria pelada y troceada, 1 cucharadita de comino molido, sal y pimienta negra recién molida en 1,25 l de caldo de pollo o caldo de verduras hasta que la calabaza esté tierna. Tritúrelo todo hasta que obtenga una crema uniforme. Recaliéntela y rellene con ella los panecillos. Decórelos con un poco de cilantro picado.

panecillos rellenos de guindilla con carne

Prepare la receta básica, pero sustituya el relleno por su receta preferida de guindilla con carne.

panecillos rellenos de pasta y pollo con salsa alfredo

Prepare la receta básica. Caliente 1 cucharadita de aceite de oliva y 60 g de mantequilla a fuego medio, y dore 1 pechuga de pollo pelada troceada. Añada 240 g de queso crema, 2 cucharaditas de ajo en polvo, 500 ml de leche, 170 g de parmesano rallado y pimienta negra recién molida. Agregue unos *fettuccini* cocidos, mézclelo bien y rellene los panecillos con la preparación. Decórelos con un poco de perejil picado.

panecillos rellenos de alcachofas y espinacas

Prepare la receta básica. En un cuenco mediano, mezcle 200 g de mayonesa, 170 g de parmesano rallado, 1 lata de 400 g de corazones de alcachofas, 100 g de espinacas lavadas y troceadas y 1 cucharada de salsa de guindilla. Pase la preparación a una placa para el horno engrasada y hornéela a 170 °C entre 35 y 40 minutos, hasta que se dore. Rellene los panecillos con ella y decórelos con un poco de perejil picado.

panecillos de *brioche* rellenos de pollo y jamón

véase la receta básica en la página 178

panecillos de *brioche* rellenos de verduras mediterráneas asadas

Prepare la receta básica, pero sustituya el relleno por 680 g de verduras mediterráneas variadas asadas al horno.

panecillos de *brioche* rellenos de cerdo asado

Prepare la receta básica, pero sustituya el relleno por 450 g de carne de cerdo asada y desmenuzada mezclada con salsa barbacoa al gusto.

panecillos de *brioche* rellenos de beicon, huevo, salchichas y tomate

Prepare la receta básica, pero sustituya el relleno por 8 lonchas de beicon (cocido hasta que esté crujiente y desmenuzado) mezcladas con 4 huevos duros troceados, 4 tomates troceados, 6 salchichas troceadas y kétchup al gusto.

panecillos de *brioche* rellenos de champiñones y escalonias

Prepare la receta básica, pero sustituya el relleno por 450 g de champiñones laminados y 4 escalonias picadas, cocidos en caldo de verduras hasta que estén tiernos.

variaciones

pan relleno vegetariano

véase la receta básica en la página 179

pan relleno de cordero
Prepare la receta básica, pero sustituya el relleno por 450 g de carne de cordero picada y cocida con 1 cebolla, 1 diente de ajo majado, 2 cucharaditas de *garam masala*, sal y pimienta negra recién molida.

pan relleno de verduras mediterráneas asadas
Prepare la receta básica, pero sustituya el relleno por 450 g de verduras mediterráneas asadas.

pan vegetariano con especias marroquíes
Prepare la receta básica, pero sustituya la guindilla en polvo, el cilantro molido y el *garam masala* por 2 cucharaditas de aderezo de especias marroquíes. Para el aderezo, mezcle 2 cucharaditas de nuez moscada molida y la misma cantidad de comino y de cilantro. Añada 1 cucharadita de preparación de especias, otro tanto de jengibre molido, ½ cucharadita de pimienta de Cayena y la misma cantidad de canela. Conserve lo que le sobre en un bote con tapa (se conserva bien hasta 1 semana).

pan relleno de salchichas y judías
Prepare la receta básica, pero sustituya el relleno por 4 salchichas frías troceadas mezcladas con 400 g de judías con tomate de lata.

variaciones

pan relleno de beicon, salchichas y huevo duro

véase la receta básica en la página 180

pan relleno de beicon, queso y cebolla
Prepare la receta básica, pero sustituya las salchichas por 120 g de queso cheddar rallado. Esparza el queso sobre el relleno.

pan relleno de pasas, pacanas y jarabe de arce
Prepare la receta básica, pero prescinda del relleno. En su lugar, mezcle 170 g de pasas remojadas en 1 cucharada de jarabe de arce con 170 g de pacanas picadas. Espolvoree 75 g de azúcar moreno sobre el relleno antes de enrollar el pan.

pan relleno de salchichas y judías
Prepare la receta básica, pero prescinda del beicon y añada otras 3 salchichas troceadas. Agregue 400 g de judías con tomate de bote antes de enrollar el pan.

pan relleno de jamón y queso suizo
Prepare la receta básica. Prescinda del beicon, las salchichas y los huevos duros del relleno y sustitúyalos por 170 g de jamón cortado en pequeños tacos y 170 g de queso suizo rallado. Esparza el queso sobre los tacos de jamón.

pan de maíz con jalapeños, beicon y cheddar

véase la receta básica en la página 181

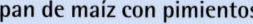

pan de maíz con pimientos
Prepare la receta básica, pero añada 40 g de pimientos variados, cocidos y troceados, al cuenco con la harina

pan de maíz con espárragos, beicon y cheddar
Prepare la receta básica, pero agregue 8 espárragos cortados en láminas finas al cuenco con la harina.

pan de maíz con brécol, jamón y cheddar
Prepare la receta básica, pero incorpore 85 g de brécol al vapor a la mezcla junto con la preparación de leche. Sustituya el beicon por 100 g de jamón cortado en tacos pequeños.

pan de maíz con cebolla, beicon y cheddar
Prepare la receta básica, pero añada 4 cebollas tiernas picadas a la mezcla junto con el beicon.

focaccia al pesto con ricotta y tomate

véase la receta básica en la página 182

focaccia al pesto con berenjena a la parrilla, feta y boniato

Prepare la receta básica, pero prescinda del queso ricotta. Extienda 100 g de puré de boniato sobre una de las mitades de la *focaccia* y distribuya las rodajas de tomate, 170 g de queso feta desmenuzado y 4 rodajas de berenjena a la parrilla sobre del pesto de la otra mitad de la *focaccia*. Forme un sándwich con las dos mitades como se indica en la receta básica.

focaccia al pesto con ricotta, queso de cabra y salami

Prepare la receta básica. Añada 100 g de queso de cabra troceado al queso ricotta y los tomates, y coloque unas lonchas de salami encima. Forme un sándwich con la otra mitad de la *focaccia* untada con el pesto.

focaccia al pesto con pollo, aguacate y queso suizo

Prepare la receta básica, pero prescinda del queso ricotta. Coloque sobre los tomates 1 aguacate deshuesado y cortado en láminas. A continuación, agregue 170 g de pollo cocido y cortado en láminas y esparza 100 g de queso suizo rallado. Forme un sándwich con la otra mitad de la *focaccia* untada con el pesto.

focaccia al pesto con queso crema, salmón ahumado y roqueta

Prepare la receta básica, pero sustituya el queso ricotta por queso crema y los tomates por una capa fina de salmón ahumado. Añada 50 g de roqueta y forme un sándwich con la otra mitad de la *focaccia* untada con el pesto.

variaciones

rollos de pan fritos rellenos de verduras

véase la receta básica en la página 184

rollos de pan fritos rellenos de patata, cebolla y *garam masala*
Prepare la receta básica, pero sustituya las judías del relleno por 200 g de patatas cocidas cortadas en dados.

rollos de pan fritos rellenos de pollo y cilantro
Prepare la receta básica, pero sustituya las judías del relleno por 200 g de pollo y 2 cucharadas de cilantro picado.

rollos de pan fritos rellenos de boniato y pacanas
Prepare la receta básica, pero sustituya el relleno por 200 g de boniatos cocidos y cortados en dados mezclados con 60 g de pacanas picadas y la misma cantidad de azúcar moreno.

rollos de pan dulce fritos rellenos de frutos secos
Prepare la receta básica, pero prescinda del relleno. Sustitúyalo por 200 g de frutos secos picados mezclados con 25 g de coco rallado y 75 g de azúcar moreno. Mezcle con 85 g de chocolate negro derretido.

variaciones

stromboli de pollo y guindilla

véase la receta básica en la página 185

stromboli de jamón y queso suizo

Prepare la receta básica, pero prescinda del relleno. Unte la masa con la salsa para pizza. Añada 4 o 5 lonchas finas de jamón y espolvoree 100 g de queso suizo rallado. Siga las instrucciones de la receta básica.

stromboli de queso feta, pimiento y cebolla caramelizada

Prepare la receta básica, pero prescinda del relleno. Unte la masa con la salsa para pizza. Agregue 100 g de queso feta desmenuzado, 40 g de pimientos cortados en rodajas y cocidos y 60 g de cebolla caramelizada. Siga las instrucciones de la receta básica.

calzone de *pepperoni*

Prepare la receta básica, pero prescinda de la salsa para pizza. Para el relleno, mezcle 200 g de *pepperoni*, 100 g de mozzarella rallada, 8 tomates cereza cortados por la mitad, 1 cucharada de alcaparras escurridas y 30 g de parmesano rallado. Extienda la masa hasta formar un círculo de 42 cm de diámetro y coloque el relleno sobre una mitad del círculo de masa. Humedezca el borde exterior y doble el medio círculo de masa sobre la mitad del relleno. Selle el borde de la masa. Siga las instrucciones de la receta básica.

stromboli de salchichas, champiñones y beicon

Prepare la receta básica, pero con este otro relleno: mezcle 4 lonchas de beicon (cocidas hasta que estén crujientes y desmenuzadas), 170 g de carne de salchichas cocida (bien escurrida) y 40 g de champiñones salteados. Añada el relleno a la salsa para pizza y siga las instrucciones de la receta básica.

variaciones

panecillos de ajo rellenos de albóndigas

véase la receta básica en la página 187

panecillos de ajo rellenos de albóndigas de cordero al estilo marroquí

Prepare la receta básica. Sustituya la carne de ternera por carne de cordero picada. Prescinda de las hierbas italianas al aderezar la carne y sustitúyalas por 3 cucharaditas de mezcla de especias marroquíes (*véanse* las variaciones de la receta del pan relleno para vegetarianos en la página 191).

panecillos de ajo rellenos de albóndigas de frutos secos

Prepare la receta básica. Elabore las albóndigas de frutos secos. Tueste 200 g de frutos secos variados (sin cacahuetes) a 180 °C durante 10 minutos. Píquelos bien en un robot de cocina (deben conservar cierta textura). Saltee una cebolla picada, 1 diente de ajo picado y 1 zanahoria rallada durante 2 minutos. Añada 3 tomates pelados, sin semillas y troceados, y salpimiente al gusto. Ponga la mezcla en un cuenco y deje que se enfríe. Añada los frutos secos, 120 g de pan rallado, 100 g de queso suizo rallado, 2 cucharadas de mezcla de hierbas aromáticas y 2 huevos batidos. Forme albóndigas con la preparación y fríalas 3 o 4 minutos.

panecillos rellenos de jamón y huevo

Prepare la receta básica, pero prescinda de las albóndigas. En su lugar, rellene cada panecillo con ½ huevo duro envuelto en una loncha fina de jamón.

panecillos de ajo rellenos de albóndigas de cerdo

Prepare la receta básica, pero sustituya la carne de ternera picada por carne de cerdo picada.

panes dulces y panes de postre

En este capítulo encontrará deliciosas recetas

de panes dulces, además de diferentes maneras de

preparar exquisitos postres con pan que sorprenderán

a familiares y amigos.

budín de pan al estilo caribeño

véanse variaciones en la página 215

Con su delicado toque de ron, este budín relleno de piña y coco es un postre verdaderamente delicioso.

500 g de pan cortado en dados
2 cucharadas de mantequilla derretida,
    y un poco más para engrasar
25 g de coco rallado
40 g de piña en almíbar, bien escurrida
    y cortada en dados

4 huevos
100 g de azúcar
355 ml de leche entera
1 cucharadita de extracto de vainilla
2 cucharadas de ron de coco

Precaliente el horno a 180 °C y engrase una fuente refractaria mediana con abundante mantequilla. Coloque los dados de pan en un cuenco grande, vierta la mantequilla derretida y remueva para que el pan se impregne bien. Ponga el pan en una placa para el horno y hornéelo unos 10 minutos, hasta que se tueste. Baje la temperatura del horno a 150 °C.

Ponga el pan tostado en la fuente. Añada el coco y la piña. Remuévalo bien. Bata los huevos, el azúcar, la leche, la vainilla y el ron en un cuenco grande, y vierta el líquido sobre la preparación de pan. Presione bien los dados de pan para que absorban la mayor cantidad de líquido posible. Hornee el postre alrededor de 1 hora, hasta que el centro esté firme. Sírvalo templado.

Para 6 porciones

pan de chocolate marmoleado

véanse variaciones en la página 216.

Los plátanos hacen que el pan quede más esponjoso y el relleno de chocolate aparece cuando el pan se corta en rebanadas.

255 g de harina
¾ de cucharadita de bicarbonato sódico
½ cucharadita de sal
50 g de mantequilla ablandada
200 g de azúcar
3 plátanos maduros aplastados

2 huevos a temperatura ambiente ligeramente
  batidos
80 ml de suero de mantequilla
1 cucharadita de extracto de vainilla
75 g de pepitas de chocolate negro
aceite para engrasar

Precaliente el horno a 180 °C y engrase un molde rectangular de 450 g (20 × 10 cm) con un poco de aceite. Mezcle la harina, el bicarbonato sódico y la sal en un cuenco grande. En otro cuenco, bata la mantequilla ablandada y el azúcar con una batidora eléctrica hasta que obtenga una crema esponjosa. Añada los plátanos aplastados, los huevos, el suero de mantequilla y la vainilla. Tritúrelo bien. Incorpore la harina, removiendo con cuidado.

En un cuenco mediano apto para el microondas, caliente las pepitas de chocolate hasta que casi se derritan. Remueva hasta que el líquido esté uniforme. Deje que el chocolate se enfríe durante 5 minutos, y agregue unos 240 ml de masa. Mezcle bien. Vierta las dos masas en el molde con una cuchara, alternándolas, y pase un cuchillo por el interior del molde para que se mezclen ligeramente. Hornee el pan durante 1 hora y 15 minutos, hasta que, al pinchar un palillo en el centro, este salga limpio. Deje que se enfríe en el molde durante 10 minutos y desmóldelo sobre una rejilla para que se enfríe por completo.

Para 1 hogaza

pan dulce de maíz con salsa de frutos rojos

véanse variaciones en la página 217

Esta es la versión dulce del típico pan de maíz. Un postre fantástico.

140 g de polenta
130 g de harina
140 g de azúcar
2 cucharaditas de levadura
    en polvo
½ cucharadita de bicarbonato
    sódico
½ cucharadita de sal
80 ml de aceite de girasol

3 cucharadas de mantequilla
    derretida y enfriada,
    y un poco más para engrasar
1 cucharada de miel
2 huevos a temperatura
    ambiente ligeramente
    batidos
240 ml de suero de mantequilla
100 g de fresas cortadas por la
    mitad si son grandes

100 g de arándanos
100 g de frambuesas
140 g de azúcar
1 cucharada de zumo de limón
2 cucharaditas de ralladura
    de limón
1 cucharada de maicena
2 cucharadas de agua

Precaliente el horno a 180 °C y engrase un molde cuadrado de 20 × 20 cm con abundante mantequilla. Mezcle la polenta, la harina, el azúcar, la levadura en polvo, el bicarbonato sódico y la sal en un cuenco grande. Haga un hueco en el centro y vierta el aceite, la mantequilla, la miel, los huevos batidos y el suero de mantequilla. Mézclelo todo bien. Pase la preparación a una fuente refractaria y hornee durante 35 minutos.

Prepare la salsa de frutos rojos. Ponga las fresas, los arándanos y las frambuesas en una cacerola a fuego medio. Añada el azúcar, el zumo y la ralladura de limón. Remueva hasta que el azúcar se disuelva. Cuézalo a fuego lento 3 o 4 minutos. Disuelva la maicena en 2 cucharadas de agua y añádala a la preparación de frutos rojos, sin dejar de remover hasta que la salsa espese. Deje que cueza a fuego lento durante 3 minutos, retírela del fuego y espere que se enfríe un poco. Sírvala templada.

Para 6 porciones

pan de arándanos rojos y naranja

véanse variaciones en la página 218

Este delicioso pan de arándanos rojos con aroma de naranja también lleva pacanas y una generosa capa de glaseado dulce.

170 g de mantequilla a temperatura ambiente, y un poco más para engrasar
170 g de azúcar
2 huevos a temperatura ambiente
120 ml de zumo de naranja
120 ml de crema agria
1 cucharada de ralladura de naranja

2 cucharaditas de extracto de vainilla
255 g de harina
½ cucharadita de sal
170 g de arándanos deshidratados
75 g de pacanas picadas

Para el glaseado
100 g de azúcar de lustre tamizado
3-4 cucharadas de licor de naranja (o zumo de naranja)

Precaliente el horno a 180 °C y engrase un molde rectangular de 450 g (20 × 10 cm) con un poco de mantequilla. En un cuenco grande, mezcle con una batidora eléctrica la mantequilla y el azúcar hasta que obtenga una crema esponjosa de color pálido. Añada los huevos, de uno en uno, batiendo bien la preparación después de cada adición. Agregue el zumo de naranja, la crema agria, la ralladura de naranja y la vainilla. Bátalo hasta que se incorpore bien. Añada la harina, la sal, los arándanos rojos y las pacanas. Remueva. Vierta la preparación en el molde, alise la superficie y hornéela durante más o menos 1 hora, hasta que, al pinchar un palillo en el centro, este salga limpio. Deje que el pan se enfríe en el molde durante 5 minutos y desmóldelo sobre una rejilla para que se enfríe.

Prepare el glaseado. Vierta el licor de naranja al azúcar de lustre hasta que obtenga un líquido espeso similar a un almíbar, y rocíe el pan con él.

Para 1 hogaza

postre de pan con chocolate y mantequilla

véanse variaciones en la página 219

Este es uno de los postres más fáciles de preparar. Además, es una forma estupenda de aprovechar el pan duro del día anterior.

10 rebanadas grandes y gruesas
    de pan blanco del día anterior
175 g de chocolate negro de calidad
415 ml de crema de leche espesa
5 cucharadas de ron añejo

100 g de azúcar
100 g de mantequilla, y un poco más
    para engrasar
1 cucharadita de extracto de vainilla
3 huevos a temperatura ambiente

Engrase una fuente refractaria con abundante mantequilla. Retire la corteza de las rebanadas de pan y córtelas en 4 triángulos. Coloque un cuenco mediano sobre una cacerola con agua apenas agitándose, asegurándose de que el cuenco no esté en contacto con el agua. Ponga el chocolate, la crema, el ron, el azúcar, la mantequilla y la vainilla. Caliéntelo un poco, hasta que el chocolate y la mantequilla se derritan y el azúcar se disuelva. Retire el cuenco del fuego y remueva la preparación hasta que esté uniforme.

En un segundo cuenco, bata los huevos con una batidora eléctrica, añada la mezcla de chocolate y bátalo de nuevo hasta que se mezcle bien. Vierta un poco de esta preparación en la fuente hasta formar una capa de 1,5 cm de grosor. Añada la mitad de los triángulos de pan formando una capa única. Vierta la mitad de la mezcla de chocolate restante y distribúyala de manera uniforme. Coloque el resto de los triángulos de pan sobre la preparación de chocolate formando una segunda capa y vierta el resto del chocolate por encima. Con el dorso de una cuchara, presione los triángulos de pan para que absorban parte del líquido. Cubra la fuente con film transparente, deje que el postre repose durante 1 hora y consérvelo en el frigorífico entre 8 y 24 horas. Precaliente el horno a 180 °C. Destape la fuente y hornee el postre entre 30 y 35 minutos, hasta que la superficie esté crujiente y el centro esté todavía blando. Retírelo del horno y deje que se enfríe 10 minutos antes de servirlo.

Para 6 porciones

tostada francesa de caramelo, melocotón y pacanas

véanse variaciones en la página 220

La puede servir como postre, acompañada de un poco de crema montada o de helado con salsa de chocolate, o como desayuno, con jarabe de arce. Es mejor prepararla con pan del día anterior.

170 g de azúcar moreno
100 g de mantequilla
2 cucharadas de jarabe
    de melaza dorado
100 g de pacanas picadas
18 rebanadas gruesas de pan
    de molde

3 melocotones maduros,
    sin hueso y cortados
    en rodajas
6 huevos ligeramente batidos
355 ml de leche entera
1 cucharadita de extracto
    de vainilla

1 cucharada de azúcar
2 cucharaditas de canela
½ cucharadita de nuez
    moscada molida
azúcar de lustre para decorar

Prepare el caramelo. Caliente el azúcar moreno, la mantequilla y el jarabe en un cazo mediano. Remuévalo hasta que la mantequilla se derrita y el azúcar se disuelva. Vierta el caramelo en una fuente refractaria de 23 × 32 cm sin engrasar y esparza la mitad de las pacanas. Coloque la mitad de las rebanadas de pan sobre el caramelo formando una única capa, añada las rodajas de melocotón, esparza el resto de las pacanas y, finalmente, coloque el resto de las rebanadas de pan, formando una capa única. En un cuenco mediano, bata los huevos, la leche y la vainilla. Vierta el líquido con cuidado sobre las rebanadas de pan. En un cuenco pequeño, mezcle el azúcar, la canela y la nuez moscada. Distribuya esta preparación sobre el pan. Cubra la fuente con film transparente y consérvela en el frigorífico entre 8 y 24 horas.

Precaliente el horno a 180 °C. Destape la fuente y hornee el postre entre 30 y 40 minutos, hasta que se dore un poco. Deje que se enfríe durante 10 minutos. Córtelo en porciones y sírvalas invertidas con la ayuda de una espátula. Espolvoréelas con un poco de azúcar de lustre.

Para 9 porciones

pan de frutas con glaseado de miel

véanse variaciones en la página 221

Si lo corta en rebanadas y lo unta con mantequilla, tendrá un magnífico tentempié de media tarde.

1 cucharadita de azúcar
160 ml de agua templada
2 cucharaditas de levadura seca activa
450 g de harina
1 cucharadita de sal
1 cucharadita de especias para pastel de calabaza,
    o de cuatro especias
6 cucharadas de mantequilla fría
    cortada en dados, y un poco más
    para engrasar

75 g de azúcar moreno
140 g de pasas de Corinto
140 g de pasas
140 g de sultanas
140 g de dátiles deshuesados troceados
1 huevo a temperatura ambiente
    ligeramente batido
miel para glasear

Engrase dos moldes rectangulares de 450 g (20 × 10 cm) con un poco de mantequilla. Disuelva el azúcar en el agua templada, espolvoree la levadura y deje que el líquido repose entre 10 y 15 minutos, hasta que esté espumoso. Mezcle en un cuenco grande la harina, la sal y las especias. Añada la mantequilla, y remueva bien hasta que parezca pan rallado. Agregue el azúcar moreno y la fruta seca. Haga un hueco en el centro, vierta la levadura y el huevo batido y mezcle bien hasta que la masa deje de pegarse en el interior del cuenco. Póngala en una superficie de trabajo ligeramente enharinada y amásela unos 10 minutos, hasta que esté uniforme y elástica. Colóquela en un cuenco grande algo aceitado, cubra el cuenco y deje que la masa repose en un lugar templado alrededor de 1 hora, hasta que doble su volumen. Ponga la masa sobre una superficie de trabajo ligeramente enharinada y amásela 1 o 2 minutos. Divídala en dos porciones y modélelas de tal forma que encajen en los moldes. Introduzca los moldes en sendas bolsas de plástico aceitadas y deje que la masa repose hasta que sobresalga del molde. Precaliente el horno a 180 °C. Retire las bolsas de plástico y hornee los panes entre 50 y 60 minutos. Retírelos del horno y desmóldelos sobre una rejilla. Unte los panes con miel.

Para 2 hogazas

kugelhopf

véanse variaciones en la página 222

Originario de Austria y Alemania, este pan fermentado y enriquecido se cuece en un molde en forma de anillo acanalado. Si no dispone del mismo, puede usar un molde en forma de rosca.

2 cucharadas de almendras fileteadas
1 cucharadita, y 2 cucharadas más de azúcar
2 cucharadas de agua templada
2 cucharaditas de levadura seca activa
190 g de harina
½ cucharadita de sal
50 g de mantequilla fría cortada en dados,
   y un poco más para engrasar

1 huevo a temperatura ambiente
   ligeramente batido
160 ml de leche templada
85 g de pasas de Corinto
1 cucharada de ralladura de limón
azúcar de lustre para espolvorear

Engrase un molde para *kugelhopf* de 20 cm y esparza las almendras fileteadas. Disuelva 1 cucharadita de azúcar en el agua templada, espolvoree la levadura y deje que el líquido repose en un lugar templado entre 10 y 15 minutos, hasta que esté espumoso. Mezcle en un cuenco grande la harina y la sal. Añada la mantequilla e incorpore bien, hasta que parezca pan rallado. Agregue las 2 cucharadas de azúcar. Haga un hueco en el centro y vierta la levadura, el huevo y la leche templada. Bátalo bien durante 5 minutos, hasta que se forme una masa líquida uniforme. Incorpore las pasas de Corinto y la ralladura de limón, y vierta la mezcla en el molde. Cúbralo con un paño húmedo y deje que la masa repose en un lugar templado hasta que suba hasta el borde del molde (o hasta que doble su tamaño). Este proceso puede durar entre 1 y 2 horas. Precaliente el horno a 180 °C. Destape el molde y hornee unos 45 minutos, hasta que el pan se dore. Deje que se enfríe en el molde durante 5 minutos y desmóldelo sobre una rejilla para que se enfríe por completo. Espolvoréelo con azúcar de lustre y, a ser posible, sírvalo el mismo día.

Para 1 kugelhopf

postre de frutos rojos

véanse variaciones en la página 223

Sírvalo frío y acompañado de una cucharada de nata montada.

300 g de frambuesas
225 g de arándanos
100 g de grosellas
400 g de fresas, sin pedúnculo y cortadas en cuartos
150 g de azúcar

3 cucharadas de licor de grosellas negras
   (o *crème de cassis*)
6-8 rebanadas de pan blanco del día anterior
   sin corteza
crema montada para acompañar

Forre 1 cuenco para budín de 1,2 l con una capa doble de film transparente que sobresalga lo suficiente del molde para que pueda cubrir la parte superior del postre una vez que esté terminado. Lave y escurra la fruta. Coloque toda la fruta, excepto las fresas, en una cacerola con el azúcar y el licor de grosellas negras. Caliéntelo a fuego suave durante 3 minutos, hasta que la fruta empiece a liberar su zumo. Añada las fresas y deje cocer otros 2 minutos. Coloque un tamiz sobre un cuenco ancho y ponga las frutas en él para que el zumo caiga en el cuenco.

Para montar el postre, humedezca las rebanadas de pan en el zumo y úselas para cubrir el cuenco para budín. Empiece por la base, y después coloque rectángulos de pan remojados en los lados del cuenco, procurando que no queden agujeros sin cubrir. Reserve un poco de pan para cubrir la parte superior. Ponga la fruta en el cuenco cubierto de pan y presiónela bien. Cúbrala con rebanadas de pan remojado, procurando de nuevo que no queden huecos. Vierta por encima el zumo que haya sobrado y cubra el postre con el film transparente que cuelgue de los bordes del cuenco. Coloque un plato pequeño sobre el film y ponga un peso encima. Reserve el postre en el frigorífico de 2 a 24 horas (si es posible, toda una noche). Para servirlo, retire el film transparente de la parte superior. Coloque una fuente sobre el cuenco y dele la vuelta. Retire con cuidado el film transparente, corte el postre en rebanadas y sírvalo acompañado de crema montada.

Para 6 porciones

espiral de pan dulce

véanse variaciones en la página 224

Este pan dulce con corteza con sabor a canela es ideal para acompañar un café a media mañana.

225 g de harina
2 cucharadas y 100 g de azúcar
  más
½ cucharadita de sal
2 cucharaditas de levadura seca
  instantánea
240 ml de leche entera

3 cucharadas de grasa vegetal
  blanca
130 g de harina de fuerza
  blanca
aceite para engrasar
50 g de frutos secos variados
  picados

2 cucharadas de azúcar moreno
1 cucharadita de canela
100 g de mantequilla
  derretida
50 g de azúcar de lustre
1–2 cucharaditas de leche entera

Engrase un molde para pizza de 30 cm o una placa grande para el horno. En el recipiente de un robot
o amasadora, mezcle 260 g de harina con 2 cucharadas de azúcar. Añada la sal a un lado y la levadura
en el otro. Caliente la leche y la grasa vegetal en un cazo pequeño a fuego lento. Haga un hueco en el centro
de la preparación de harina y vierta la de leche. Coloque el gancho amasador en el aparato y mezcle
los ingredientes a baja potencia hasta que se incorporen. A continuación, siga batiendo la preparación
durante 3 minutos a velocidad media. Agregue la harina de fuerza y mézclelo todo hasta que la masa deje
de pegarse en el interior del recipiente. Trabaje la masa entre 5 y 8 minutos, hasta que esté uniforme y elástica.
Póngala en un cuenco grande ligeramente aceitado y deje que repose en un lugar templado más o menos
1 hora, hasta que doble su volumen.

En una fuente llana o una tartera, mezcle los frutos secos, 100 g de azúcar, el azúcar moreno y la canela.
Ponga la mantequilla en otra fuente llana o en un molde redondo. Pase la masa a una superficie de trabajo
ligeramente enharinada y aplástela con los puños para extraer el aire que pueda contener. Tome un trozo
de masa de unos 5 cm y forme con él una tira de 6 × 1,5 cm. Repita el proceso con el resto de la masa.
Pase las tiras por la mantequilla y después rebócelas en la mezcla de azúcar hasta que estén bien impregnadas.
Coloque una tira en el centro del molde engrasado y enrósquela formando una espiral. Repita el proceso

con el resto de las tiras hasta formar una especie de tarta redonda y plana. Cubra la espiral de masa y deje que repose en un lugar templado durante 1 hora, hasta que doble su tamaño. Precaliente el horno a 180 °C. Destape la espiral y hornéela entre 20 y 25 minutos, hasta que se dore. Deje que se enfríe durante 5 minutos, retírela del molde con cuidado y colóquela en una fuente. En un cuenco pequeño, mezcle el azúcar de lustre y la leche para glasear. Añada leche hasta que el glaseado esté bastante líquido. Glasee el pan.

Para 16 porciones

budines de pan con praliné, chocolate y cerezas

véanse variaciones en la página 225

Este es un postre sabrosísimo ideal para ocasiones especiales.

240 ml de crema de leche espesa
4 cucharadas de licor de crema
    irlandesa (Baileys)
2 cucharadas de azúcar
1 cucharadita de extracto
    de vainilla
1 cucharadita de maicena
2 cucharaditas de agua

3 huevos a temperatura ambiente
65 g de azúcar
2 cucharaditas de extracto
    de vainilla
355 ml de crema de leche espesa
80 ml de leche entera
100 g de chocolate negro
    troceado

100 g de chocolate con leche
    relleno de praliné troceado
1 *baguette* grande cortada
    en dados
85 g de cerezas confitadas
azúcar para espolvorear
mantequilla para engrasar

Ponga la crema de leche, el licor, el azúcar y la vainilla en un cazo mediano a fuego medio y llévelos a ebullición. Mezcle la maicena y el agua en un cuenco pequeño hasta que obtenga una pasta, añádala a la preparación de crema y bata bien. Deje que la mezcla hierva a fuego lento unos 3 minutos, hasta que se espese, sin dejar de remover. Retire el cazo del fuego, deje que el líquido se enfríe y viértalo en un cuenco pequeño. Cúbralo y resérvelo en el frigorífico durante como mínimo 2 horas. Bata los huevos, el azúcar, la vainilla, 240 ml de crema y la leche en un cuenco grande. Añada los chocolates, el pan y las cerezas. Remuévalo bien. Presione los trozos de pan para que absorban parte del líquido y deje que la mezcla repose durante 30 minutos, removiendo de vez en cuando. Precaliente el horno a 180 °C y engrase 6 ramequines con un poco de mantequilla. Distribuya la preparación de pan entre los ramequines y rocíelos con la crema de leche restante. Espolvoréelos con un poco de azúcar y hornéelos durante 20 minutos, hasta que la crema cuaje. Si la superficie se chamusca con demasiada rapidez, baje la temperatura del horno a 150 °C durante los últimos 5 o 10 minutos. Deje que se enfríen durante 10 minutos y sírvalos templados con la salsa fría.

Para 6 porciones

variaciones

budín de pan al estilo caribeño

véase la receta básica en la página 199

budín de pan con piña, coco y nueces de macadamia
Prepare la receta básica, pero añada 30 g de nueces de macadamia picadas con el coco.

budín de pan con cerezas, coco y almendras
Prepare la receta básica, pero sustituya la piña por 30 g de cerezas confitadas. Agregue 30 g de almendras fileteadas junto con el coco.

budín de pan con fresas y chocolate blanco
Prepare la receta básica, pero sustituya la piña por 50 g de fresas sin pedúnculo y cortadas en láminas. Añada 75 g de pepitas de chocolate blanco junto con el coco.

budín de pan con limón y almendras
Prepare la receta básica, pero sustituya la piña por la ralladura de 2 limones. Incorpore 50 g de almendras fileteadas junto con el coco.

variaciones

pan marmoleado

véase la receta básica en la página 200

pan marmoleado relleno de chocolate y pacanas
Prepare la receta básica, pero añada 50 g de pacanas picadas a la masa de chocolate.

pan marmoleado relleno de chocolate blanco y fresas
Prepare la receta básica, pero sustituya las pepitas de chocolate negro por otras de chocolate blanco. Agregue 2 cucharaditas de extracto de fresas y unas gotas de colorante alimentario rojo para teñir de rosa la masa de chocolate blanco.

pan marmoleado relleno de chocolate y cardamomo
Prepare la receta básica, pero incorpore 1 cucharadita de semillas de cardamomo aplastadas a la masa de chocolate.

pan marmoleado relleno de chocolate (sin lactosa)
Prepare la receta básica, pero sustituya la mantequilla y el suero de mantequilla por margarina y leche de coco entera. Si no encuentra pepitas de chocolate sin lactosa, puede usar trozos de chocolate negro sin lactosa.

variaciones

pan dulce de maíz con salsa de frutos rojos

véase la receta básica en la página 202

pan de maíz con fresas y salsa de frutos rojos

Prepare la receta básica, pero añada a la mezcla 100 g de fresas sin pedúnculo, troceadas y escurridas sobre papel de cocina y 2 cucharaditas de extracto de fresas.

pan de maíz con pepitas de chocolate y salsa de caramelo

Prepare la receta básica, pero agregue 150 g de pepitas de chocolate a la mezcla. Sirva el pan acompañado de una salsa de caramelo (*véanse* las variaciones de la receta del pastel de Moravia en la pág. 279).

pan de maíz con limón y salsa de frutos rojos

Prepare la receta básica, pero incorpore la ralladura de 2 limones a la mezcla.

pan de maíz sin lactosa con salsa de frutos rojos

Prepare la receta básica, pero sustituya la mantequilla y el suero de mantequilla por margarina y leche de coco entera.

variaciones

pan de arándanos rojos y naranja

véase la receta básica en la página 203

pan de limón y almendras

Prepare la receta básica, pero prescinda del zumo y la ralladura de naranja, los arándanos rojos y las pacanas. En su lugar, use 2 cucharadas de zumo de limón, 2 cucharaditas de extracto de limón, 2 cucharadas de ralladura de limón, 60 ml más de crema agria y 125 g de almendras fileteadas. Prepare un glaseado de limón mezclando 30 g de azúcar de lustre tamizado con el zumo de limón necesario para conseguir un glaseado líquido. Rocíelo sobre el pan.

pan de arándanos rojos y naranja con glaseado de Grand Marnier

Bata 3 cucharadas de mantequilla derretida, la misma cantidad de Grand Marnier y 125 g de azúcar de lustre tamizado. Añada leche hasta conseguir la consistencia deseada y rocíe el glaseado sobre el pan enfriado.

pan de caramelo con pasas

Prepare la receta básica, pero sustituya los arándanos rojos y las pacanas por 170 g de pasas y 100 g de pepitas de caramelo.

pan de chocolate blanco y cerezas

Prepare la receta básica, pero sustituya los arándanos rojos por 170 g de cerezas deshidratadas y 100 g de pepitas de chocolate blanco.

variaciones

postre de pan con chocolate y mantequilla

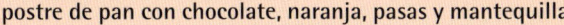

véase la receta básica en la página 205.

postre de pan con chocolate, naranja, pasas y mantequilla
Prepare la receta básica, pero sustituya el extracto de vainilla por 1 cucharadita de extracto
puro de naranja. Esparza 50 g de pasas sobre la primera capa de triángulos de pan.

postre de pan con café, pacanas y mantequilla
Prepare la receta básica, pero sustituya el extracto de vainilla por 2 cucharaditas de café instantáneo
mezclado con 2 cucharaditas de agua hirviendo.

postre de pan con chocolate y caramelo
Prepare la receta básica. Esparza 75 g de pepitas de caramelo y azúcar sobre la primera capa
de triángulos de pan.

budín de pan con chocolate y *amaretto*
Prepare la receta básica, pero sustituya el extracto de vainilla por 1 cucharada de *amaretto*.
Esparza 30 g de *amaretti* o almendrados troceados sobre la primera capa de triángulos de pan.

variaciones

tostada francesa de caramelo, melocotón y pacanas

véase la receta básica en la página 206

tostada francesa de caramelo, plátano y coco
Prepare la receta básica, pero sustituya los melocotones y las pacanas por 2 plátanos cortados en rodajas y 75 g de coco rallado edulcorado.

tostada francesa de caramelo, fresas y almendras
Prepare la receta básica, pero sustituya los melocotones y las pacanas por 100 g de fresas sin pedúnculo cortadas en rodajas y 60 g de almendras fileteadas. Esparza 40 g de almendras fileteadas en la tostada justo antes de hornear.

tostada francesa de caramelo, pacanas, mantequilla de cacahuete y chocolate
Prepare la receta básica, pero sustituya los melocotones por 75 g de pepitas de mantequilla de cacahuete y la misma cantidad de pepitas de chocolate negro.

tostada francesa de caramelo, arándanos y pacanas
Prepare la receta básica, pero sustituya los melocotones por 100 g de arándanos.

variaciones

pan de frutas con glaseado de miel

véase la receta básica en la página 207

tostada francesa de pan de frutas y boniato con mantequilla de canela

Prepare la receta básica, y corte el pan en rebanadas. Elabore la masa mezclando 1 huevo, 125 g de harina, 1 cucharada de azúcar moreno, 2 cucharadas de aceite vegetal, 3 cucharadas de levadura en polvo, ½ cucharadita de sal y 100 g de puré de boniato. Moje las rebanadas de pan de frutas en la masa y fríalas unos minutos por cada lado. Sírvalas con jarabe de arce y mantequilla de canela (100 g de mantequilla ablandada mezclada con 1 cucharadita de canela).

pan de frutas con cerezas y brandy con glaseado de miel

Prepare la receta básica, pero sustituya las pasas de Corinto y las pasas por 140 g de cerezas deshidratadas y la misma cantidad de cerezas confitadas. Añada 2 cucharadas de brandy junto con el huevo batido. Si la mezcla queda demasiado pegajosa, agregue un poco más de harina.

pan de frutas con manzana y canela con glaseado de miel

Prepare la receta básica, pero sustituya las pasas de Corinto por 1 manzana pelada, sin corazón y troceada. Agregue 1 cucharadita de canela.

pan de frutas con arándanos frescos y glaseado de miel

Prepare la receta básica, pero sustituya las sultanas por 100 g de arándanos frescos.

variaciones

kugelhopf

véase la receta básica en la página 208

kugelhopf de frutas con glaseado de limón

Prepare la receta básica, pero prescinda de las almendras del fondo del molde y del azúcar de lustre para espolvorear. En su lugar, añada 30 g de cerezas deshidratadas troceadas y 30 g de orejones de albaricoque troceados. Mezcle 30 g de azúcar de lustre tamizado con el zumo de limón recién exprimido necesario para obtener un glaseado líquido y rocíelo sobre el *kugelhopf* enfriado.

kugelhopf de naranja, cerezas y nueces

Prepare la receta básica, pero sustituya las pasas de Corinto y la ralladura de limón por cerezas deshidratadas y la ralladura de 1 naranja.

kugelhopf de albaricoques y almendras

Prepare la receta básica, pero sustituya las pasas de Corinto por 85 g de orejones de albaricoque secos troceados.

kugelhopf de dátiles y pacanas

Prepare la receta básica, pero sustituya las pasas de Corinto y las almendras por dátiles troceados y pacanas picadas.

variaciones

postre de frutos rojos

véase la receta básica en la página 211

tostada francesa con frutos rojos

Prepare la fruta. Corte 8 rebanadas gruesas de pan por la mitad. Prepare la masa mezclando 2 huevos, 2 claras de huevo, 6 cucharadas de leche, 7 cucharadas de zumo de manzana, 50 g de azúcar y una pizca de sal. Caliente un poco de mantequilla en una sartén grande y fría las rebanadas de pan pasadas por la masa durante unos minutos por cada lado, hasta que se doren. Espolvoree un poco de azúcar de lustre y sírvalas acompañadas de la fruta.

postre de melocotón y ciruelas

Prepare la receta básica, pero sustituya las grosellas y los arándanos por 200 g de ciruelas deshuesadas troceadas y 100 g de melocotones deshuesados y troceados. Cueza primero las ciruelas y los melocotones durante 5 minutos y siga las instrucciones de la receta básica.

postre de manzana, ruibarbo y naranja

Prepare la receta básica, pero sustituya las grosellas y los arándanos por 200 g de manzanas peladas, sin corazón y troceadas. Añada 100 g de ruibarbo troceado con la ralladura de 1 naranja. Cueza primero las manzanas y el ruibarbo durante 5 minutos y siga los pasos de la receta básica.

postre de frutos rojos con crema de mascarpone

Prepare la receta básica y sirva el postre con 1 terrina de mascarpone de 225 g mezclado con 3 cucharadas de crema de leche espesa, 3 cucharadas de miel y las semillas de una vaina de vainilla. Mézclelo bien hasta que esté uniforme y conserve la crema de mascarpone en el frigorífico hasta el momento de usarla.

variaciones

espiral de pan dulce

véase la receta básica en la página 212

espiral de pan con pepitas de chocolate
Prepare la receta básica, pero sustituya los frutos secos por 75 g de pepitas de chocolate negro.

espiral de pan con mantequilla de cacahuete y pacanas
Prepare la receta básica, pero sustituya los frutos secos por 50 g de pepitas de mantequilla de cacahuete y 40 g de pacanas picadas.

postre de pan con manzana y canela
Prepare la receta básica. Añada 1 manzana pelada, sin corazón y troceada a los frutos secos y el azúcar. Aplane la masa hasta formar un rectángulo de 50 × 30 cm, úntelo con 60 g de mantequilla derretida y esparza el relleno por encima. Corte la masa en 6 tiras verticales de 10 × 30 cm, colóquelas una encima de la otra y corte la pila en 6 porciones iguales. Ahora tendrá 6 porciones de 6 cuadrados cada una. Coloque los cuadrados de masa en un molde rectangular de 900 g formando capas. Cubra el molde y deje que la masa repose durante 45 minutos. Hornéela entre 35 y 40 minutos. Deje que se enfríe en el molde, desmóldela sobre una fuente y cúbrala con 170 g de azúcar de lustre mezclado con 3 cucharadas de leche.

postre de pan con naranja y limón
Prepare la receta básica, pero use el mismo método que en el postre de pan con manzana y canela. Prescinda del relleno y use en su lugar 200 g de azúcar y la ralladura de 4 limones y 1 naranja. Unte la masa con 60 g de mantequilla derretida y proceda como en la receta anterior. Sustituya la leche del glaseado por zumo de limón.

variaciones

budines de pan con praliné, chocolate y cerezas

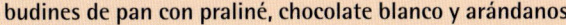

véase la receta básica en la página 214

budines de pan con praliné, chocolate blanco y arándanos
Prepare la receta básica, pero sustituya el chocolate negro y las cerezas confitadas por chocolate blanco de calidad y 50 g de arándanos frescos.

jalá con caramelo, chocolate y pasas
Prepare la receta básica, pero sustituya el chocolate relleno de praliné por chocolate relleno de caramelo, y las cerezas y el pan francés por pasas y *jalá*.

budines de pan con praliné, pacanas y melocotón
Prepare la receta básica, pero sustituya las cerezas por 2 melocotones frescos deshuesados y troceados. Añada a la mezcla 40 g de pacanas picadas.

budines de pan con praliné, chocolate y *amaretto*
Prepare la receta básica, pero sustituya 2 cucharadas de leche por *amaretto*.

panecillos, *scones* y *bagels*

En este capítulo encontrará inspiración para crear

sus propios *scones*, sus panecillos para hamburguesas

o para acompañar una buena cena... y los mejores

panecillos de canela que ha probado en su vida.

scones de suero de mantequilla con levadura

véanse variaciones en la página 246

Lo ideal es reservar la masa de estos exquisitos *scones* en la nevera toda una noche.

1 cucharadita, y 3 cucharadas más de azúcar
160 ml de agua templada
1 cucharada de levadura seca instantánea
640 g de harina
5 cucharaditas de levadura en polvo

½ cucharadita de bicarbonato sódico
1 cucharadita de sal
240 ml de aceite de girasol
475 ml de suero de mantequilla

Disuelva 1 cucharadita de azúcar en el agua templada, espolvoree la levadura y deje que el líquido repose entre 10 y 15 minutos, hasta que esté espumoso. En el recipiente de un robot o amasadora, mezcle la harina, la levadura en polvo, el bicarbonato sódico, 3 cucharadas de azúcar y la sal. Haga un hueco en el centro y vierta la levadura, el aceite y el suero de mantequilla. Coloque el gancho amasador en el aparato y mezcle bien, hasta que empiece a formarse una masa. Amase a velocidad media entre 5 y 8 minutos, hasta que esté uniforme y elástica. Póngala en un cuenco grande ligeramente aceitado y dele vueltas en su interior para que se impregne de aceite. Cubra el cuenco y réservelo en el frigorífico entre 8 y 24 horas.

Forre 4 placas grandes para el horno con papel sulfurizado. Ponga la masa en una superficie de trabajo enharinada y desínflela con cuidado. Divídala en dos porciones, vuelva a colocar una de las mitades en el cuenco y cúbrala. Extienda la otra porción hasta que tenga un grosor de 1,5 cm. Corte los *scones* con un cortapastas enharinado de 6 cm y colóquelos en las placas para el horno, bastante juntos entre sí. Tápelos con film transparente y deje que reposen en un lugar templado entre 20 y 30 minutos, hasta que suban un poco y estén esponjosos. Repita el proceso con la otra mitad de la masa. Precaliente el horno a 200 °C. Retire el film transparente y hornee los *scones* entre 10 y 15 minutos, hasta que se doren un poco. Deje que se enfríen sobre una rejilla.

Para 48 scones

panecillos de cerveza

véanse variaciones en la página 247

Use una cerveza negra de calidad para dar a los panecillos un sabor complejo que recuerde al de los frutos secos.

1 cucharadita de azúcar	300 g de copos de avena finos	2 cucharadas de aceite de oliva
55 ml de agua templada	25 g de germen de trigo	1 huevo
2 cucharaditas de levadura	½ cucharadita de sal	1 clara de huevo a temperatura
seca activa	350 ml de cerveza negra	ambiente ligeramente
450 g de harina de fuerza blanca	25 ml de jarabe de arce	batida

Forre 2 placas para el horno grandes con papel sulfurizado. Disuelva el azúcar en el agua templada, espolvoree la levadura y deje que el líquido repose entre 10 y 15 minutos, hasta que esté espumoso. Mezcle en un cuenco grande la harina, la avena, el germen de trigo y la sal. Haga un hueco en el centro y vierta la preparación de levadura, la cerveza negra, el jarabe de arce, el aceite de oliva y el huevo entero. Incorpore bien hasta que se forme una masa blanda. Póngala en una superficie de trabajo ligeramente enharinada y amásela durante 10 minutos, hasta que esté uniforme y elástica. También puede amasarla en un robot o amasadora con un gancho amasador entre 5 y 8 minutos. Coloque la masa en un cuenco grande un poco aceitado y dele vueltas en su interior para impregnarla de aceite. Cubra el cuenco y deje que la masa repose en un lugar templado durante más o menos 1 hora, hasta que doble su tamaño.

Pase la masa a una superficie de trabajo ligeramente enharinada y divídala entre 12 y 16 porciones iguales (dependiendo del tamaño que quiera que tengan los panecillos). Forme una bola con cada una, doblando los pliegues hacia dentro y alisándolos. Coloque los panecillos en las placas para el horno, con el lado del pliegue hacia abajo, y cúbralos con un trozo de film transparente un poco aceitado. Deje que la masa repose 1 hora más, hasta que los panecillos doblen su volumen. Precaliente el horno a 180 °C. Destape los panecillos, úntelos con la clara de huevo batida y hornéelos entre 25 y 30 minutos, hasta que se doren. Deje que se enfríen sobre una rejilla.

Para 12-16 panecillos

muffins ingleses

véanse variaciones en la página 248

La corteza de estos *muffins* es más crujiente que la de los que se venden en las tiendas, y su sabor es mucho más fresco.

3 cucharadas de polenta
1 cucharadita de azúcar disuelto en 60 ml
    de agua templada
2 cucharaditas de levadura seca activa

450 g de harina de fuerza blanca
1 cucharadita de sal
2 cucharadas de aceite de oliva

Forre 2 placas para el horno grandes con papel sulfurizado y espolvoree la polenta. Espolvoree la levadura sobre la preparación de agua y azúcar y deje que el líquido repose entre 10 y 15 minutos, hasta que esté espumoso. Coloque el gancho amasador en el robot o amasadora. Mezcle la harina y la sal en el recipiente. Haga un hueco en el centro, y vierta la preparación de levadura y el aceite de oliva. Mézclelo todo hasta que se forme una masa blanda. Amásela entre 5 y 8 minutos, hasta que esté blanda, uniforme y elástica. Póngala en un cuenco grande un poco aceitado y dele vueltas en su interior para que se impregne de aceite. Cubra el cuenco y deje que la masa repose en un lugar templado más o menos 1 hora, hasta que doble su volumen. Pásela a una superficie de trabajo ligeramente enharinada y aplástela con los puños. Amásela 2 minutos y divídala en dos porciones. Deje que repose durante 5 minutos. Extienda una de las mitades de masa hasta que tenga un grosor de 6 mm, y recorte círculos de 7,5 cm con un cortapastas. Colóquelos en la placa para el horno y deles la vuelta para que queden cubiertos de polenta por ambos lados. Repita el proceso con la otra mitad de la masa. Cubra los círculos con film transparente y deje que reposen en un lugar templado durante 45 minutos.

Si dispone de una plancha, engrásela con un chorrito de aceite y caliéntelo moderadamente. Cueza los *muffins* hasta que la base esté bien dorada. Deles la vuelta y cuézalos por el otro lado. El tiempo de cocción variará en función de la temperatura del horno, pero generalmente suele ser de 6 a 10 minutos por cada lado. Deje que se enfríen sobre una rejilla.

Para 14 muffins

panecillos tradicionales

véanse variaciones en la página 249

No hay nada mejor que unos panecillos calientes, recién sacados del horno, para rebañar los restos de salsa que queden en el plato.

2 cucharaditas de azúcar
445 ml, y 2 cucharadas más de agua templada
2 cucharaditas de levadura seca activa

640 g de harina de fuerza blanca
2 cucharaditas de sal
2 cucharadas de mantequilla ablandada

Forre dos placas para el horno grandes con papel sulfurizado.

Disuelva el azúcar en el agua templada, espolvoree la levadura y deje que el líquido repose entre 10 y 15 minutos, hasta que esté espumoso. Mezcle la harina y la sal en un cuenco grande, haga un hueco en el centro y vierta la preparación de levadura y la mantequilla. Mézclelo todo hasta que se forme una masa blanda. Si queda demasiado seca, añádale un poco más de agua; y si está demasiado pegajosa, agregue un poco más de harina. Póngala en una superficie de trabajo ligeramente enharinada y amásela durante 10 minutos, hasta que esté uniforme y elástica. Colóquela en un cuenco grande un poco aceitado y dele vueltas en su interior para que se impregne de aceite. Cubra el cuenco y deje que la masa repose en un lugar templado más o menos 1 hora, hasta que doble su tamaño.

Pase la masa a una superficie de trabajo ligeramente enharinada y divídala en 18 porciones iguales. Forme una bola con cada una, doblando los bordes hacia abajo y pellizcando los pliegues en la parte inferior. Coloque los panecillos en las placas para el horno, cúbralos con film transparente y deje que reposen de nuevo entre 30 y 40 minutos a temperatura ambiente. Precaliente el horno a 230 °C. Destape los panecillos y hornéelos entre 15 y 20 minutos. Deje que se enfríen sobre una rejilla.

Para 18 panecillos

bagels de cebolla

véanse variaciones en la página 250

Son más fáciles de preparar de lo que se imagina, y quedan deliciosos con cualquier tipo de relleno.

1 cucharada, y 2 cucharadas
   más de azúcar
7 cucharadas de agua templada
2 cucharaditas de levadura
   seca activa

450 g de harina de fuerza blanca
2 cucharaditas de sal
   de cebolla
2 cucharadas de copos
   de cebolla deshidratada

200 ml, y 2 cucharadas
   más de agua
1 clara de huevo ligeramente
   batida
semillas de cebolla para decorar

Forre 2 placas para el horno grandes con papel sulfurizado. Disuelva 1 cucharada de azúcar en el agua templada, espolvoree la levadura y deje que el líquido repose entre 10 y 15 minutos, hasta que esté espumoso. Mezcle la harina, la sal y los copos de cebolla en un cuenco grande. Haga un hueco en el centro y vierta la preparación de levadura y el agua fría. Incorpore todo bien hasta que obtenga una masa blanda. Pásela a una superficie de trabajo ligeramente enharinada y amásela durante 10 minutos, hasta que esté uniforme y elástica. Colóquela en un cuenco grande aceitado y dele vueltas en su interior para que se impregne de aceite. Cubra el cuenco y deje que la masa repose en un lugar templado más o menos 1 hora, hasta que doble su volumen. Ponga la masa en una superficie de trabajo ligeramente enharinada y trabájela un poco. Divídala en 10 porciones iguales y forme una bola aplanada con cada una. Haga un agujero en el centro con el mango de una cuchara de madera y extienda un poco la masa alrededor del mango hasta que el agujero tenga unos 3 cm de diámetro. Repita el proceso con el resto de las bolas de masa.

Precaliente el horno a 200 °C. Llene una cacerola grande con agua y llévela a ebullición. Añada 2 cucharadas de azúcar e introduzca con cuidado 2 o 3 *bagels* a la vez en el agua hirviendo. Cuézalos durante 1 minuto, deles la vuelta y cuézalos otros 3 minutos. Retírelos del agua con una espumadera, procurando escurrir toda el agua posible. Colóquelos en las placas para el horno, úntelos con un poco de clara de huevo y espolvoréelos con unas semillas de cebolla. Hornéelos entre 20 y 25 minutos, hasta que se doren y suenen huecos al golpearlos en la base. Deje que se enfríen sobre una rejilla.

Para 10 bagels

panecillos para hamburguesas

véanse variaciones en la página 251

Este no sería un libro de panes completo sin estos panecillos. Tienen un toque especial: ajo y parmesano.

255 g de harina
190 g de harina de fuerza blanca
2 cucharadas de azúcar
1 cucharadita de sal
1 cucharada de levadura seca instantánea

180 ml de agua templada
4 cucharadas de mantequilla
2 dientes de ajo picados
1 huevo a temperatura ambiente ligeramente batido
2 cucharadas de parmesano rallado

Forre 2 placas para el horno grandes con papel sulfurizado. Coloque el gancho amasador en el robot o amasadora. En el recipiente de la batidora, mezcle las harinas y el azúcar. Añada la sal a un lado y la levadura en el otro. Haga un hueco en el centro y vierta el agua templada, la mitad de la mantequilla, el ajo y el huevo. Incorpórelo bien con el aparato a baja potencia hasta que se forme una masa blanda. Amásela a velocidad media entre 5 y 8 minutos, hasta que esté uniforme y elástica. Colóquela en un cuenco grande ligeramente aceitado y dele vueltas en su interior para que se impregne de aceite. Cubra el cuenco y deje que la masa repose en un lugar templado más o menos 1 hora, hasta que doble su tamaño.

Pase la masa a una superficie de trabajo ligeramente enharinada y desínflela con cuidado. Divídala en 12 porciones iguales y forme una bola con cada una. Aplánelas hasta que tengan un diámetro de unos 7,5 cm. Coloque los panecillos en las placas para el horno, cúbralos y deje que reposen en un lugar templado alrededor de 1 hora, hasta que se hinchen. Derrita la mantequilla restante, unte con ella la parte superior de los panecillos y hornéelos entre 15 y 18 minutos, hasta que se doren. Retírelos del horno, úntelos con un poco más de mantequilla y espolvoree parmesano rallado por encima. Deje que se enfríen sobre una rejilla.

Para 12 panecillos

bollos de canela con glaseado blando

véanse variaciones en la página 252

Estos bollos tienen un sutil aroma de limón que contrasta a la perfección con el dulzor del glaseado.

1 cucharadita, y 4 cucharadas
 más de azúcar
120 ml de leche templada
2 cucharaditas de levadura
 seca activa
285 g de harina de fuerza blanca
½ cucharadita de sal
½ cucharadita de bicarbonato
 sódico
1 huevo a temperatura ambiente

1 cucharadita de extracto
 de vainilla
la ralladura de 1 limón
2 cucharadas de crema
 agria
2 cucharadas de mantequilla,
 y un poco más para
 engrasar y untar
40 g de azúcar moreno
1 cucharadita de canela

Para el glaseado
100 g de azúcar de lustre
 tamizado
2-3 cucharadas de leche
½ cucharadita de glicerina
 (opcional)

Engrase un molde cuadrado de 20 cm con un poco de mantequilla. Disuelva 1 cucharadita de azúcar en la leche templada, espolvoree la levadura y deje que el líquido repose entre 10 y 15 minutos, hasta que esté espumoso. Mezcle en un cuenco grande la harina, la sal, el bicarbonato sódico y 4 cucharadas de azúcar. Bata el huevo, la vainilla, la ralladura de limón y la crema agria en otro cuenco pequeño. Haga un hueco en el centro de la preparación de harina. Vierta la levadura y la mezcla de huevo y crema agria. Incorpore todo bien hasta que se forme una masa blanda; agregue un poco más de leche si la masa queda demasiado seca, y un poco más de harina si está demasiado pegajosa. Transfiera la masa a una superficie de trabajo ligeramente enharinada y amásela hasta que esté blanda, uniforme y elástica. También puede amasarla con un robot o amasadora con un gancho amasador entre 5 y 8 minutos. Colóquela en un cuenco aceitado y dele vueltas en su interior para que se impregne de aceite. Cubra el cuenco y deje que la masa repose en un lugar templado más o menos 1 hora, hasta que doble su volumen.

Mezcle la mantequilla, el azúcar moreno y la canela en un cuenco mediano. Cuando la masa doble su volumen, póngala en una superficie de trabajo ligeramente enharinada, aplástela con los puños, amásela un poco y

extiéndala hasta formar un rectángulo de 30 × 15 cm. Unte la preparación con la mezcla de mantequilla y azúcar, dejando un pequeño margen alrededor del perímetro. Forme un cilindro compacto con la masa y selle bien el pliegue. Gire el cilindro de forma que el pliegue quede en la parte inferior y córtelo en 9 rebanadas iguales. Colóquelas en el molde, unidas entre sí. Cubra el molde y deje que la masa repose en un lugar templado unos 30 minutos. Precaliente el horno a 180 °C. Unte la superficie de la masa con un poco de mantequilla derretida y hornee los bollos 30 minutos, hasta que se doren. Deje que se enfríen en el molde durante 5 minutos y después páselos a una rejilla, colocándolos unos junto a otros. En un cuenco pequeño, bata el azúcar de lustre con la cantidad justa de leche para obtener un glaseado espeso. Rocíe los bollos todavía templados con el glaseado. Es preferible servirlos inmediatamente.

Para 9 bollos

trenzas de pan dulce

véanse variaciones en la página 253

Estos impresionantes panecillos son bastante dulces, lo que los convierte en un acompañamiento ideal para el café de la mañana.

170 g de mantequilla
205 ml, y 2 cucharadas más de leche entera
510 g de harina
2 cucharadas de azúcar
2 cucharaditas de levadura seca instantánea

una pizca de sal
2 huevos a temperatura ambiente
    ligeramente batidos
3 cucharadas de azúcar de lustre

Caliente un poco la mantequilla y la leche en un cazo hasta que la mantequilla se derrita. Deje que la mezcla se entibie. Ponga la harina en el recipiente de un robot o amasadora con un gancho amasador y añada el azúcar. Agregue la levadura a un lado del recipiente y la pizca de sal en el otro. Haga un hueco en el centro, y vierta la preparación de leche y mantequilla y los huevos. Mézclelo todo hasta que empiece a formarse una masa. Amásela 5 minutos. Pásela a un cuenco un poco aceitado, cúbralo y deje que la masa repose en un lugar templado durante 30 minutos.

Forre dos placas para el horno grandes con papel sulfurizado. Pase la masa a una superficie de trabajo ligeramente enharinada y divídala en 24 porciones iguales. Forme un cilindro con cada una y rebócelos en el azúcar de lustre. Coloque tres tiras de masa, una junto a otra, y pellízquelas en un extremo. Haga una trenza con las tiras y, cuando llegue al final, pellizque los extremos. Repita el proceso con el resto de las tiras de masa. Coloque las trenzas en las placas para el horno, cúbralas con film transparente y deje que reposen durante 30 minutos más. Precaliente el horno a 170 °C. Retire el film transparente y hornee las trenzas durante 20 minutos, hasta que se doren. Deje que se enfríen sobre una rejilla.

Para 8 trenzas

panecillos de Lancashire

véanse variaciones en la página 254

Rellenos de beicon crujiente y kétchup y condimentados con abundante pimienta blanca molida, son realmente deliciosos.

1 cucharadita de azúcar
300 ml de leche templada mezclada con agua
   (a partes iguales)
2 cucharaditas de levadura seca activa

450 g de harina de fuerza blanca,
   y un poco más para enharinar
1 cucharadita de sal
50 g de grasa vegetal blanca

Forre 2 placas para el horno grandes con papel sulfurizado. Disuelva el azúcar en la mezcla de leche y agua, espolvoree la levadura y deje que el líquido repose entre 10 y 15 minutos, hasta que esté espumoso. Mezcle la harina y la sal en un cuenco grande, y añada la grasa vegetal. Remueva un poco la preparación hasta que parezca pan rallado. Haga un hueco en el centro y vierta la mezcla de levadura. Incorpore bien todo hasta que obtenga una masa blanda. Pásela a una superficie de trabajo ligeramente enharinada y amásela durante 10 minutos con los nudillos. También puede amasarla con un robot o amasadora eléctrica con un gancho amasador entre 5 y 8 minutos. Ponga la masa en un cuenco grande aceitado y dele vueltas en su interior para que se impregne de aceite. Cubra el cuenco y deje que la masa repose más o menos 1 hora, hasta que doble su volumen.

Coloque la masa sobre una superficie de trabajo ligeramente enharinada y desínflela con cuidado. Amásela con suavidad durante 2 minutos, hasta que esté firme, y divídala en 10 porciones iguales. Forme una bola con cada una. Extiéndalas hasta formar círculos de aproximadamente 1,5 cm de grosor. Colóquelos sobre las placas y enharínelos. Cúbralos con film transparente y deje que la masa repose unos 30 minutos a temperatura ambiente. Precaliente el horno a 200 °C. Retire el film transparente y hornee los panecillos entre 15 y 20 minutos, hasta que se doren. Deje que se enfríen sobre una rejilla.

Para 10 panecillos

panecillos integrales

véanse variaciones en la página 255

Se trata de 3 bolas de masa horneadas juntas en un molde para *muffins* que dan lugar a un panecillo tierno, atractivo y delicioso.

2 cucharaditas, y 55 g más de azúcar
175 ml de agua templada
4 cucharaditas de levadura seca activa
300 g de harina de fuerza blanca
185 g de harina integral

1 cucharadita de sal
240 ml de leche entera
25 g de mantequilla ablandada,
    y un poco más para engrasar

Engrase un molde para 12 *muffins* con mantequilla. Disuelva 2 cucharaditas de azúcar en el agua templada, espolvoree la levadura y deje que el líquido repose entre 10 y 15 minutos, hasta que esté espumoso. En el recipiente de un robot o amasadora con un gancho amasador, mezcle las harinas, la sal y el azúcar restante. Haga un hueco en el centro y vierta la preparación de levadura, la leche y la mantequilla ablandada. Mézclelo todo hasta que obtenga una masa blanda bastante húmeda. Si ha quedado demasiado pegajosa, añádale un poco más de harina. Amásela entre 5 y 8 minutos, hasta que esté uniforme y elástica. Pásela a un cuenco grande aceitado y dele vueltas en su interior para que se impregne de aceite. Cubra el cuenco y deje que la masa repose en un lugar templado más o menos 1 hora, hasta que doble su volumen.

Precaliente el horno a 180 °C. Ponga la masa en una superficie de trabajo ligeramente enharinada y desínflela con cuidado. Forme bolas de masa de unos 2,5 cm y coloque 3 en cada hueco del molde. Espolvoree los panecillos con harina y cúbralos con film transparente. Deje que reposen a temperatura ambiente unos 30 minutos, hasta que aumenten de tamaño. Retire el film transparente y hornéelos entre 25 y 30 minutos, hasta que se doren. Retírelos del horno y úntelos con un poco de mantequilla. Deje que se enfríen sobre una rejilla.

Para 12 panecillos

panecillos de trigo y miel

véanse variaciones en la página 256

Estos panecillos son tiernos y deliciosos. Si tiene ocasión, deje que la masa repose toda la noche en el frigorífico.

1 cucharadita de azúcar disuelto en 240 ml de agua
2 cucharaditas de levadura seca activa

385 g de harina integral
60 g de fécula de patata
1 ¼ cucharadita de sal
60 ml de zumo de naranja

50 g de mantequilla cortada en dados
3 cucharadas de miel

Forre 2 placas para el horno grandes con papel sulfurizado. Espolvoree la levadura sobre la preparación de agua y azúcar y deje que el líquido repose entre 10 y 15 minutos, hasta que esté espumoso. En un cuenco grande, mezcle bien la harina, la fécula de patata y la sal. Haga un hueco en el centro, y vierta la preparación de levadura, el zumo de naranja, la mantequilla y la miel. Incorpore bien todo hasta que empiece a formarse una masa. Pásela a una superficie de trabajo ligeramente enharinada y amásela con los nudillos durante unos 10 minutos, hasta que esté blanda, uniforme y elástica. También puede amasarla con un robot o amasadora eléctrica con un gancho amasador entre 5 y 8 minutos. Ponga la masa en un cuenco grande algo aceitado y dele vueltas en su interior para que se impregne de aceite. Cubra el cuenco y deje que la masa repose a temperatura ambiente hasta que se hinche bien, pero sin que llegue a doblar su volumen (puede tardar de 2 a 3 horas).

Ponga la masa en una superficie de trabajo ligeramente aceitada y desínflela con cuidado. Divídala en 24 porciones iguales y forme una bola con cada una (doble la masa hacia abajo y pellizque los pliegues, presionándolos con fuerza con la palma de la mano). Coloque los panecillos en las placas para el horno, separados unos 2,5 cm entre sí. Cubra las placas con film transparente ligeramente aceitado y deje que la masa repose de nuevo a temperatura ambiente entre 1,5 y 2 horas. Precaliente el horno a 200 °C. Retire el film transparente y hornee los panecillos entre 15 y 20 minutos, hasta que se doren. Deje que se enfríen sobre una rejilla.

Para 24 panecillos

panecillos sin gluten ni levadura

véanse variaciones en la página 257

Estos panecillos son ideales si no puede comer trigo, ni gluten, ni lactosa, ni soja, ni huevos.
Son sorprendentemente sabrosos y sustanciosos.

40 g de fécula de patata
75 g de harina de tapioca
65 g de harina de garbanzos
2 cucharaditas de goma xantana
1 cucharadita de levadura en polvo
    sin gluten
½ cucharadita de sal

1 cucharada de linaza molida
80 ml de aceite de oliva
210 ml de agua con gas fría
2 cucharaditas de linaza remojada
    en 3 cucharadas de agua hirviendo
    durante 5 minutos

Forre una placa para el horno grande con papel sulfurizado. Precaliente el horno a 200 °C. Bata en un cuenco grande la fécula de patata, las harinas de tapioca y de garbanzos, la goma xantana, la levadura en polvo, la sal y la linaza. Haga un hueco en el centro y vierta el aceite de oliva. Mézclelo todo con un tenedor. Añada el agua con gas y la linaza, sin dejar de remover hasta que se forme una masa densa y pegajosa.

Con una cuchara, forme y modele 5 o 6 panecillos (dependiendo del tamaño que quiera que tengan) y póngalos sobre la placa para el horno. Hornéelos entre 20 y 25 minutos, hasta que suban y empiecen a dorarse un poco. Deje que se enfríen sobre una rejilla. Consúmalos el mismo día o congélelos de inmediato.

Para 5-6 panecillos

variaciones

scones de suero de mantequilla con levadura

véase la receta básica en la página 227

scones de suero de mantequilla con levadura y romero
Prepare la receta básica, pero añada 2 cucharaditas de hojas de romero fresco troceadas a la harina.

scones de suero de mantequilla con levadura, canela y pasas
Prepare la receta básica, pero agregue 1 cucharadita de canela y 60 g de pasas a la harina.

scones de suero de mantequilla sin levadura
Precaliente el horno a 220 °C. Forre una placa para el horno con papel sulfurizado. En un cuenco mediano, mezcle 250 g de harina, 2 cucharaditas de levadura en polvo, ½ cucharadita de bicarbonato sódico y ½ cucharadita de sal. Incorpore 100 g de mantequilla troceada y mézclelo todo hasta que parezca pan rallado. Añada 180 ml de suero de mantequilla muy frío y remueva hasta formar una bola de masa. Amásela suavemente 6 veces sobre una superficie de trabajo ligeramente enharinada. Extiéndala hasta formar un círculo de unos 25 cm de diámetro y 1,5 cm de grosor. Corte 8 círculos de masa de 7,5 cm con un cortapastas un poco enharinado. Colóquelos en la placa para el horno, separados entre sí unos 5 cm. Úntelos con suero de mantequilla y hornéelos entre 12 y 15 minutos.

scones de *cheddar*
Siga las instrucciones de la receta anterior y agregue 120 g de queso cheddar rallado y ½ cucharadita de ajo en polvo a la harina. No extienda la masa. Deje caer porciones de 4 cucharadas de masa sobre la placa del horno y hornéelas entre 11 y 13 minutos a 200 °C. Unte los *scones* con mantequilla derretida y espolvoree un poco de sal de ajo y de perejil seco por encima.

variaciones

panecillos de cerveza

véase la receta básica en la página 228

panecillos de semillas y pacanas
Prepare la receta básica, pero añada 2 cucharadas de semillas de sésamo y la misma cantidad de semillas de amapola, semillas de cebolla, semillas de girasol y pacanas picadas a la harina junto con la mezcla de levadura.

panecillos de cerveza con ajo y perejil
Prepare la receta básica, pero agregue 2 dientes de ajo picados y 2 cucharadas de perejil picado a la harina junto con la preparación de levadura.

panecillos de cerveza con tomates secados al sol y aceitunas
Prepare la receta básica, pero incorpore 25 g de tomates secados al sol picados y 2 cucharadas de aceitunas negras deshuesadas picadas a la harina junto con la mezcla de levadura.

variaciones

muffins ingleses

véase la receta básica en la página 231

muffins ingleses cubiertos de queso
Prepare la receta básica, pero añada 2 cucharaditas de queso cheddar rallado sobre cada *muffin* justo antes de cocerlos.

muffins ingleses con ajo y tomillo
Prepare la receta básica, pero agregue 2 dientes de ajo picados y 1 cucharada de tomillo seco a la harina junto con el aceite de oliva.

muffins ingleses con tomates secados al sol
Prepare la receta básica, pero incorpore 30 g de tomates secados al sol picados a la harina junto con el aceite de oliva.

muffins ingleses dulces al aroma de naranja
Prepare la receta básica, pero añada la ralladura de 1 naranja y 1 cucharada de azúcar a la harina junto con el aceite de oliva.

variaciones

panecillos tradicionales

véase la receta básica en la página 232

panecillos crujientes
Prepare la receta básica. Al encender el horno, coloque una placa dentro para calentarla. Cuando el horno esté caliente, justo antes de hornear los panecillos, vierta 750 ml de agua caliente en la placa precalentada para generar el vapor que hace que los panecillos queden crujientes. Cuando los panecillos estén listos para hornear, pulverícelos con agua e introdúzcalos en el horno. Hornéelos como se indica en la receta básica.

panecillos blandos hechos con leche
Prepare la receta básica, pero sustituya 240 ml de agua templada por la misma cantidad de leche templada. Cuando los panecillos todavía estén calientes, úntelos con un poco de mantequilla derretida.

panecillos con romero y tomillo
Prepare la receta básica, pero añada 2 cucharaditas de romero seco y la misma cantidad de tomillo seco a la harina.

panecillos con limón y semillas de amapola
Prepare la receta básica, pero agregue la ralladura de 1 limón y 2 cucharadas de semillas de amapola a la harina. Justo antes de hornearlos, unte los panecillos con huevo batido y esparza unas semillas de amapola por encima.

variaciones

bagels de cebolla

véase la receta básica en la página 233

bagels de canela y pasas

Prepare la receta básica, pero prescinda de la sal, los copos y las semillas de cebolla. Añada 1 cucharada de canela, 225 g de pasas y 1 cucharada de azúcar moreno a la harina junto con la mezcla de levadura.

bagels de queso y guindilla chipotle

Prepare la receta básica, pero prescinda de la sal, los copos y las semillas de cebolla. Añada 1 cucharadita de pimienta de Cayena, 2 cucharaditas de orégano seco, 85 g de queso cheddar rallado y 2 guindillas chipotle picadas. Unte los *bagels* con un poco de huevo batido justo antes de hornearlos y espolvoree un poco de orégano.

bialys de huevo cocido

Prepare la receta básica, pero prescinda de la sal, los copos y las semillas de cebolla. Después de la primera fermentación de la masa, aplástela con los puños y córtela en 8 porciones iguales. Forme una bola con cada una, y colóquelas sobre las placas para el horno. Cúbralas y deje que fermenten de nuevo. Tome una bola con las dos manos como si fuera el volante de un vehículo y haga una hendidura en el centro con los dedos mientras la va girando. Esta debe ser lo bastante grande para albergar un huevo pequeño dentro. Repita el proceso con el resto de las bolas. Ponga las porciones de masa en la placa y pinche la hendidura para que la masa deje de subir. Unte los bordes con huevo batido y casque un huevo pequeño en el centro de cada panecillo. Hornéelos 5 minutos a 220 °C y 10 minutos a 180 °C.

bagels de arándanos y vainilla

Prepare la receta básica, pero prescinda de la sal, los copos y las semillas de cebolla. Añada 1 cucharada de miel, 170 g de arándanos deshidratados y las semillas de 1 vaina de vainilla a la harina con la mezcla de levadura.

variaciones

panecillos para hamburguesas

véase la receta básica en la página 234

panecillos para minihamburguesas

Prepare la receta básica, pero sustituya 120 ml de agua templada por la misma cantidad de leche templada, y la mantequilla por grasa blanca vegetal. Prescinda del ajo y forme entre 18 y 20 panecillos en lugar de 12. Hornéelos entre 15 y 17 minutos.

panecillos para perritos calientes

Prepare la receta básica, pero, en lugar de bolas, forme cilindros de más masa de unos 12 cm de longitud. Aplástelos un poco. La masa aumentará de volumen en la parte central, por lo que la parte superior de los panecillos quedará ligeramente redondeada. Esparza un poco de queso parmesano por encima.

panecillos para hamburguesas con semillas de sésamo

Prepare la receta básica, pero prescinda del ajo y sustituya el parmesano por semillas de sésamo.

panecillos para perritos calientes con semillas de amapola

Prepare la receta de los perritos calientes (*véase* superior), pero prescinda del ajo y sustituya el parmesano por semillas de amapola.

variaciones

bollos de canela con glaseado blando

véase la receta básica en la página 236

bollos de pepitas de chocolate y glaseado de chocolate

Prepare la receta básica, pero prescinda de la ralladura de limón. Añada 50 g de pepitas de chocolate con leche al relleno de mantequilla y azúcar, y cueza los bollos como se indica en la receta básica. En el glaseado, sustituya 2 cucharadas de azúcar de lustre por cacao en polvo sin edulcorar tamizado.

bollos de canela con albaricoques y almendras

Prepare la receta básica. Agregue 50 g de orejones de albaricoque troceados y 30 g de almendras fileteadas al relleno de mantequilla y azúcar.

bollos de arándanos rojos y naranja

Prepare la receta básica, pero sustituya la ralladura de limón por ralladura de naranja. Añada 85 g de arándanos rojos y otras 2 cucharadas de ralladura de naranja al relleno de mantequilla y azúcar.

bollos de canela con dátiles y nueces

Prepare la receta básica, pero agregue 50 g de dátiles troceados y 30 g de nueces picadas al relleno de mantequilla y azúcar.

variaciones

trenzas de pan dulce

véase la receta básica en la página 239

trenzas de pan dulce con costra de azúcar
Prepare la receta básica. Cuando las trenzas se enfríen, úntelas con un poco de mantequilla derretida
y esparza un poco de azúcar grueso mezclado con un poco de canela.

trenzas de pan dulce con albaricoques y almendras
Prepare la receta básica, pero añada 50 g de orejones de albaricoque troceados y 30 g de almendras fileteadas
a la harina. Si la masa queda demasiado seca, agregue un poco más de agua. Unte las trenzas ya enfriadas
con un poco de mantequilla derretida y esparza unas almendras tostadas y fileteadas.

trenzas con mantequilla de arce y pacanas
Prepare la receta básica. Sirva las trenzas acompañadas de mantequilla de arce y pacanas. Con una batidora
eléctrica, bata 100 g de mantequilla blanda, 1 cucharada de jarabe de arce y 100 g de pacanas tostadas
y picadas. Consérvela en el frigorífico.

trenzas de pan dulce con pasas
Prepare la receta básica, pero incorpore 50 g de pasas a la harina.

variaciones

panecillos de Lancashire

véase la receta básica en la página 240

panecillos enharinados con semillas de cebolla

Prepare la receta básica, pero añada 2 cucharadas de semillas de cebolla a la harina. Deles forma ovalada en lugar de redonda y enharínelos bien. Hornéelos como se indica en la receta básica.

panecillos con aceitunas y albahaca

Prepare la receta básica, pero agregue 40 g de aceitunas negras deshuesadas picadas y 3 cucharadas de albahaca fresca picada a la harina junto con la mezcla de levadura.

panecillos con manzana y queso azul

Prepare la receta básica, pero incorpore 1 manzana pelada, sin corazón y troceada y 40 g de queso azul desmenuzado a la harina junto con la preparación de levadura.

panecillos integrales

véase la receta básica en la página 242

panecillos integrales con aceitunas
Prepare la receta básica, pero añada 85 g de aceitunas negras deshuesadas troceadas a la harina
junto con la mantequilla ablandada.

panecillos integrales con semillas de alcaravea
Prepare la receta básica, pero agregue 4 cucharadas de semillas de alcaravea a la harina.

panecillos integrales con semillas de amapola cubiertos de avena
Prepare la receta básica, pero incorpore 4 cucharadas de semillas de amapola a la harina. Justo antes
de hornearlos, unte los panecillos con un poco de mantequilla derretida y esparza unos copos de avena.

panecillos integrales con ajo y perejil
Prepare la receta básica, pero añada 2 dientes de ajo picados y 2 cucharaditas de perejil picado a la harina
junto con la mantequilla ablandada.

variaciones

panecillos de trigo y miel

véase la receta básica en la página 243

panecillos de trigo, fruta y miel cubiertos de avena
Prepare la receta básica, pero añada 1 cucharada de pasas de Corinto, y la misma cantidad de sultanas y de arándanos rojos a la harina junto con el zumo de naranja. Justo antes de hornearlos, unte la parte superior de los panecillos con un poco de huevo batido y esparza unos copos de avena.

panecillos de trigo, miel, canela y pasas
Prepare la receta básica, pero agregue 60 g de pasas y 2 cucharaditas de canela a la harina junto con el zumo de naranja.

panecillos de trigo y miel con mantequilla de anchoas
Prepare la receta básica. Sirva los panecillos acompañados de rabanitos cortados por la mitad y mantequilla de anchoas. Mezcle 100 g de mantequilla a temperatura ambiente con 4 filetes de anchoas picados y 2 cucharadas de cebollino fresco picado.

panecillos de trigo y jarabe de arce
Prepare la receta básica, pero sustituya 2 cucharadas de miel por jarabe de arce.

variaciones

panecillos sin gluten ni levadura

véase la receta básica en la página 245

panecillos sin gluten con albahaca
Prepare la receta básica, pero añada 2 cucharadas de albahaca picada a la mezcla
junto con la linaza.

panecillos sin gluten con salvia
Prepare la receta básica, pero agregue 1 cucharada de salvia seca a la preparación junto con la linaza.

panecillos sin gluten ni levadura con parmesano
Prepare la receta básica, pero incorpore 2 cucharadas de parmesano rallado a la mezcla junto
con la linaza.

panecillos sin gluten con ajo y tomillo
Prepare la receta básica, pero añada 1 cucharada de ajo en polvo y 1 cucharada de tomillo
seco a la preparación junto con la linaza.

panecillos sin gluten con semillas de amapola
Prepare la receta básica, pero agregue 1 cucharada de semillas de amapola a la mezcla junto
con la linaza.

panes de fiesta

En este capítulo encontrará panes de todo

el mundo, que se suelen preparar para celebrar

fechas señaladas. Se incluyen, además,

otras recetas apropiadas para celebraciones.

panecillos de Pascua

véanse variaciones en la página 272

La masa de estos panecillos es rica y tiene un agradable tono dorado. Se endulza con fruta seca.

450 g de harina de fuerza blanca
50 g, y 1 cucharadita más
    de azúcar
2 vainas de cardamomo
    machacadas
½ cucharadita de jengibre
    molido
¼ de cucharadita de clavo molido
¼ de cucharadita de nuez
    moscada recién rallada
1 cucharadita de sal

2 cucharaditas de levadura seca
    activa
240 ml, y 1 cucharada más
    de leche
100 g de mantequilla ablandada
2 huevos a temperatura
    ambiente
140 g de pasas de Corinto
40 g de sultanas
la ralladura de 1 naranja
    y 1 limón

Para la cruz
1 huevo ligeramente batido
65 g de harina

Para el glaseado
2 cucharadas de azúcar
    mezcladas con 2 cucharadas
    de agua hirviendo

Forre 2 placas grandes con papel sulfurizado. Ponga la harina, el azúcar y las especias en el recipiente de un robot con un gancho amasador. Añada la sal a un lado y la levadura en el otro. Haga un hueco en el centro y agregue la leche, la mantequilla y los huevos. Mézclelo todo a baja potencia hasta que se forme una masa. Amásela entre 5 y 8 minutos. Agregue las pasas de Corinto, las pasas y las ralladuras de naranja y limón. Incorpórelo todo durante 1 minuto. Ponga la masa en un cuenco grande aceitado y dele vueltas en su interior para que se impregne de aceite. Cubra el cuenco y deje que la masa repose en un lugar templado hasta que doble su tamaño. Colóquela en una superficie de trabajo enharinada y amásela 1 o 2 minutos. Divídala en 16 porciones y forme bolas con ellas. Póngalas en placas. Cubra los panecillos con film transparente aceitado y deje que reposen 1 hora más. Precaliente el horno a 200 °C. Unte los panecillos con huevo batido. Mezcle la harina con el agua necesaria para obtener una pasta densa. Póngala en una manga pastelera con una boquilla pequeña y dibuje una cruz en el centro de cada panecillo. Hornéelos 20 minutos. Retírelos del horno, colóquelos sobre una rejilla y úntelos con el glaseado.

Para 16 panecillos

babka de chocolate y nueces

véanse variaciones en la página 273

Un pan delicioso y especial digno de degustarse en cualquier festividad.

285 g de harina
60 g de azúcar moreno
la ralladura de 1 limón
una pizca de sal
1 cucharadita de levadura seca activa
1 huevo a temperatura ambiente, ligeramente
    batido
6 cucharadas de agua templada
85 g de mantequilla a temperatura ambiente,
    y un poco más para engrasar

Para el relleno
100 g de nueces, ligeramente tostadas
65 g de chocolate negro de calidad
85 g de mantequilla
30 g de azúcar de lustre tamizado
2 cucharadas de cacao en polvo,
    sin edulcorar, tamizado
1 cucharada de canela
1 cucharada de azúcar

Mezcle la harina, el azúcar y la ralladura de limón en un cuenco grande. Añada la sal a un lado y la levadura en el otro. Agregue el huevo y el agua. Mézclelo todo hasta que empiece a formarse una masa. Incorpore gradualmente la mantequilla. Amase entre 5 y 8 minutos. Ponga la masa en un cuenco grande un poco aceitado y dele vueltas en su interior para que se impregne de aceite. Cubra el cuenco y resérvelo en el frigorífico un día. Al día siguiente, prepare el relleno. Derrita el chocolate y la mantequilla en el microondas. Añada el azúcar de lustre, el cacao en polvo y la canela. Remuévalo todo bien. Ponga la masa en una superficie de trabajo enharinada y extiéndala hasta formar un rectángulo de 38 × 28 cm. Extienda el relleno sobre la masa, dejando un borde de 1,9 cm. Esparza las nueces y el azúcar. Humedezca el borde más corto de masa con un poco de agua y enrolle el rectángulo formando un cilindro compacto. Gire el rollo 90° y coloque el lado del pliegue hacia abajo. Recorte una rodaja de 1,5 cm de cada extremo. Corte el rollo por la mitad a lo largo y entrelace un poco las dos mitades. Coloque el pan con cuidado en un molde rectangular de 900 g (23 × 13 cm) engrasado con mantequilla. Cubra el molde y deje que el pan repose en un lugar templado 90 minutos. Precaliente el horno a 190 °C y hornee el pan unos 30 minutos, hasta que, al pinchar un palillo en el centro, salga limpio. Deje que se enfríe sobre una rejilla.

Para 1 hogaza

bolo rei (roscón de Reyes portugués)

véanse variaciones en la página 274

Este colorido pan relleno de fruta confitada es realmente delicioso.

1 cucharadita, y 100 g más de azúcar
80 ml de leche entera templada
2 cucharadas de levadura seca activa
400 g de harina, y un poco más
 para enharinar la superficie
1 cucharadita de sal
85 g de fruta confitada variada y troceada
30 g de nueces troceadas
30 g de almendras troceadas
65 g de pasas, puestas en remojo
 en 1 cucharada de oporto

la ralladura de 1 limón y 1 naranja
100 g de mantequilla derretida
 y enfriada
3 huevos a temperatura ambiente
 ligeramente batidos
140 g de fruta confitada variada
10 mitades de nueces
10 almendras enteras blanqueadas
2 cucharadas de azúcar mezcladas
 con 2 cucharadas de agua hirviendo

Forre una placa grande para el horno con papel sulfurizado. Disuelva 1 cucharadita de azúcar en la leche, espolvoree la levadura y deje que el líquido repose entre 10 y 15 minutos, hasta que esté espumoso. Mezcle la harina y la sal en un cuenco grande. Añada 100 g de azúcar, los trozos de fruta confitada, los frutos secos, las pasas y las ralladuras de naranja y limón. Mezcle bien. Haga un hueco en el centro y agregue la preparación de levadura, la mantequilla derretida y enfriada y los huevos. Incorpórelo todo hasta que se forme una masa, y amásela 2 o 3 minutos. Póngala en un cuenco grande ligeramente aceitado y dele vueltas en su interior para que se impregne de aceite. Cubra el cuenco y deje que la masa repose en un lugar templado durante 2 horas. Coloque la masa sobre una superficie de trabajo un poco enharinada, desínflela un poco y dele forma de roscón. Póngalo en la placa para el horno y decórelo con la fruta confitada y los frutos secos. Cúbralo y deje que repose durante 1 hora. Precaliente el horno a 180 °C y hornee el roscón unos 20 minutos, hasta que se dore. Retírelo del horno y deje que se enfríe sobre una rejilla. Úntelo con el almíbar de azúcar mientras todavía esté templado.

Para 1 roscón

pan dulce de Navidad

véanse variaciones en la página 275

Este pan se asocia a la Navidad por el poema *Era la noche antes de Navidad* y por el ballet *El cascanueces.*

170 g de azúcar moreno
100 g de mantequilla
2 cucharadas de jarabe
   de melaza dorado
1 cucharadita de azúcar
   blanquilla

300 ml de leche templada
2 cucharaditas de levadura seca
   instantánea
450 g de harina de fuerza blanca
1 cucharadita de sal
aceite para engrasar

1 cucharada de canela
340 g de azúcar
50 g de pacanas picadas
85 g de cerezas al marrasquino
   cortadas en cuatro trozos

Engrase un molde redondo acanalado de 23 cm con un poco de aceite. Prepare el glaseado. En un cazo mediano, caliente un poco el azúcar moreno, la mantequilla y el jarabe. Remueva hasta que la mantequilla se derrita y el azúcar se disuelva. Deje que se enfríe.

Disuelva el azúcar en la leche templada, espolvoree la levadura y deje que el líquido repose entre 10 y 15 minutos, hasta que esté espumoso. Mezcle la harina y la sal en un cuenco grande. Haga un hueco en el centro y vierta la preparación de levadura. Incorpórelo todo bien hasta que se forme una masa blanda. Si queda demasiado seca, añádale un poco más de agua; y si está demasiado húmeda, agréguele un poco más de harina. Pásela a una superficie de trabajo ligeramente enharinada y amásela unos 10 minutos, hasta que esté blanda, uniforme y elástica. Mezcle la canela y el azúcar en un cuenco. Ponga la masa en una superficie de trabajo un poco enharinada, forme un cilindro grueso y córtelo en 32 porciones. Forme rápidamente una bola con cada trozo. Moje las bolas en el glaseado (ya enfriado) y rebócelas en el azúcar con canela. Coloque las bolas en el molde formando capas. En la capa inferior, deje espacio para que las bolas se expandan durante la fermentación (colóquelas unas cerca de otras, pero sin que lleguen a tocarse). Esparza la mitad de las pacanas y las cerezas sobre la primera capa. En cada una de las capas sucesivas, coloque las bolas de forma que ocupen los espacios vacíos de la capa inferior, y vaya esparciendo

el resto de las pacanas y las cerezas a medida que forma las capas. Cuando haya colocado todas las bolas, vierta el glaseado que sobre por encima y espolvoree el azúcar con canela sobrante. Cubra el molde y deje que la masa repose a temperatura ambiente durante 1 ½ horas, hasta que doble su tamaño. Precaliente el horno a 170 °C. Destape el molde y hornee el pan entre 25 y 30 minutos, hasta que se dore bien. Deje que se enfríe en el molde 5 minutos y desmóldelo sobre una fuente. Tenga cuidado con el almíbar caliente. Deje que se enfríe un poco antes de servir.

Para 6 porciones

stollen alemán de mazapán

véanse variaciones en la página 276

Delicioso pan navideño adornado con fruta seca y confitada.

1 cucharadita, y 100 g más de azúcar
120 ml de leche entera templada
2 cucharaditas de levadura seca activa
310 g de harina de fuerza blanca
1 cucharadita de canela
½ cucharadita de sal
6 cucharadas de mantequilla ablandada
2 huevos a temperatura ambiente
    ligeramente batidos

65 g de sultanas
65 g de pasas de Corinto
65 g de cerezas confitadas
65 g de corteza de limón confitada troceada
la ralladura de 1 naranja
200 g de mazapán
azúcar de lustre
1 cucharada de almendras laminadas
    tostadas para decorar

Forre una placa para el horno grande con papel sulfurizado. Disuelva 1 cucharadita de azúcar en la leche templada, espolvoree la levadura y deje que el líquido repose entre 10 y 15 minutos, hasta que esté espumoso. Mezcle la harina, 100 g de azúcar, la canela y la sal en un cuenco grande. Haga un hueco en el centro y vierta la preparación de levadura, la mantequilla ablandada y los huevos. Incorpórelo todo bien hasta que se forme una masa blanda. Agregue las sultanas, las pasas de Corinto, las cerezas confitadas, la corteza de limón y la ralladura de naranja. Amase entre 5 y 8 minutos, hasta que la masa esté blanda, uniforme y elástica. Póngala en un cuenco ligeramente aceitado y dele vueltas en su interior para que se impregne de aceite. Cubra el cuenco y deje que la masa repose en un lugar templado más o menos 1 hora, hasta que doble su tamaño. Póngala en una superficie de trabajo ligeramente enharinada y desínflela con suavidad. Dele forma ovalada (de unos 25 × 20 cm). Forme un cilindro de unos 23 cm con el mazapán y colóquelo sobre el centro de la masa. Enróllela y séllela bien. Colóquela sobre la placa para el horno, con el lado del pliegue hacia abajo. Cúbrala con un trozo de film transparente y deje que repose en un lugar templado durante 1 hora más. Precaliente el horno a 150 °C y hornee el pan unos 35 minutos, hasta que se dore. Deje que se enfríe sobre una rejilla, espolvoréelo con el azúcar de lustre y esparza las almendras por encima.

Para 1 hogaza

jalá

véanse variaciones en la página 277

Este delicioso pan festivo de origen judío se sirve tradicionalmente cortado en rebanadas y untado con mantequilla el día del Sabbat y en otras festividades.

510 g de harina de fuerza blanca
3 cucharadas de azúcar
1 cucharadita de sal
2 cucharaditas de levadura seca instantánea
2 huevos a temperatura ambiente ligeramente
  batidos

40 g de mantequilla ablandada
60 ml de leche entera templada
180 ml de agua templada
huevo batido para untar

Forre una placa para el horno grande con papel sulfurizado. En el recipiente de un robot o amasadora, mezcle la harina y el azúcar. Añada la sal a un lado y la levadura en el otro. Haga un hueco en el centro y vierta los huevos batidos, la mantequilla, la leche templada y el agua templada. Incorpórelo bien todo hasta que se forme una masa no pastosa. Con un gancho amasador, amásela entre 5 y 8 minutos, hasta que la masa empiece a formar una capa lisa y blanda en la superficie. Pásela a un cuenco grande un poco aceitado y dele vueltas en su interior para que se impregne de aceite. Colóquela en un lugar templado 2 o 3 horas, hasta que doble su tamaño. Póngala sobre una superficie de trabajo ligeramente enharinada, aplástela con los puños y amásela 2 o 3 minutos, hasta que esté uniforme. Divida la masa en 3 porciones iguales y forme un cilindro de unos 23 cm con cada una de ellas. Coloque las tiras juntas en paralelo y pellízquelas en un extremo. Trénzelas y, cuando llegue al final, pellizque el otro extremo. Doble ambos extremos de la trenza hacia abajo. Ponga la trenza en la placa para el horno, úntela con un poco de huevo batido e introduzca la placa en una bolsa de plástico aceitada. Deje que la masa repose en un lugar templado más o menos 1 hora, hasta que la trenza doble su tamaño y recupere su forma al presionarla con los dedos. Precaliente el horno a 200 °C y hornee el pan entre 20 y 25 minutos, hasta que se dore y suene vacío al golpearlo en la base. Deje que se enfríe sobre una rejilla.

Para 1 hogaza

bollo danés de Pascua relleno de chocolate y almendras

véanse variaciones en la página 278

Este delicioso bollo parece un pastel glaseado, pero oculta un delicioso relleno de canela, chocolate y almendras.

1 ración doble de masa para cruasanes
    (*véase* la receta en la página 60), preparada
    el día anterior y conservada en el frigorífico
225 g de almendras
50 g de azúcar de lustre
30 g de cacao en polvo sin edulcorar
1 cucharadita de canela

50 g de mantequilla, y un poco más
    para engrasar
1 clara de huevo
60 g de chocolate negro troceado
1 yema de huevo
2 cucharadas de leche entera

Engrase la base y los lados de un molde desmontable de 23 cm con abundante mantequilla. Prepare el relleno. Ponga tres cuartas partes de las almendras en un robot junto con el azúcar de lustre, el cacao en polvo y la canela. Píquelos. Añada la mantequilla y la clara de huevo. Vuelva a procesar hasta que obtenga una pasta. Agregue los trozos de chocolate y reserve la preparación. Retire la masa del frigorífico y divídala en dos porciones iguales. Extienda una de ellas sobre la base del molde, distribuya el relleno dejando un borde de 2,5 cm y cúbralo con la otra mitad de masa. Cubra el molde con film transparente y deje que la masa repose en un lugar templado más o menos 1 hora.

Precaliente el horno a 180 °C. Mezcle la yema de huevo y la leche en un cuenco pequeño. Destape el molde y unte el bollo con la preparación de leche y huevo. Esparza el resto de las almendras y hornéelo unos 50 minutos, hasta que suba y se dore. Deje que se enfríe en el molde durante 1 hora y luego sobre una rejilla.

Para 8 porciones

pastel de Moravia

véanse variaciones en la página 279

Este pastel dulce está coronado por una mezcla de canela, mantequilla y azúcar moreno.
Se sirve el día de Pascua por la mañana.

1 cucharadita, y 100 g más
    de azúcar
120 ml de agua templada
4 cucharaditas de levadura seca
    activa
2 cucharadas de leche en polvo
1 cucharadita de sal
120 ml de agua

60 ml de leche entera
55 g de patatas (cocidas,
    aplastadas y enfriadas)
115 g de mantequilla derretida
    y enfriada
2 huevos a temperatura
    ambiente, ligeramente
    batidos

375 g de harina de fuerza blanca
2 cucharadas de mantequilla
    fría, y un poco más para
    engrasar
200 g de azúcar moreno
1 cucharadita de canela

Engrase un molde grande con abundante mantequilla. En un cuenco grande, disuelva 1 cucharadita de azúcar en el agua templada, espolvoree la levadura y deje que el líquido repose entre 10 y 15 minutos, hasta que esté espumoso. Añada el azúcar restante, la leche en polvo, la sal, el agua, la leche entera, las patatas aplastadas, la mitad de la mantequilla derretida, los huevos y una tercera parte de la harina. Remuévalo con una cuchara de madera y vaya añadiendo la harina restante hasta que se forme una masa muy blanda y pegajosa. Pásela a un cuenco grande un poco aceitado, esparza unos trozos de mantequilla, cubra el cuenco y deje que la masa repose en un lugar templado más o menos 1 hora, hasta que doble su tamaño.

Ponga la masa sobre una superficie de trabajo ligeramente enharinada, desínflela un poco y colóquela en el molde. Cúbrala y deje que repose durante 30 minutos. Espolvoree el azúcar moreno y la canela. Haga hendiduras en la masa con los dedos. Vierta la mantequilla derretida restante por encima, cubra la masa y deje que repose otros 30 minutos. Precaliente el horno a 190 °C. Destape la masa y hornéela entre 12 y 15 minutos, hasta que se dore. Deje que el pastel se enfríe sobre una rejilla y sírvalo templado.

Para 1 pastel

barmbrack irlandés de Halloween

véanse variaciones en la página 280

En la masa de este tradicional pan irlandés se solía esconder un anillo, una moneda y un dedal como símbolos del matrimonio, la riqueza y... una mujer soltera.

1 cucharadita de azúcar disuelto en 180 ml de agua
1 cucharada de levadura seca activa
450 g de harina
1 cucharadita de sal
1 cucharadita de cinco especias
100 g de mantequilla cortada en dados,
    y un poco más para engrasar

85 g de azúcar moreno
140 g de sultanas
140 g de pasas
140 g de pasas de Corinto
140 g de arándanos rojos deshidratados
1 huevo a temperatura ambiente
    ligeramente batido

Engrase 2 moldes rectangulares de 450 g (20 × 10 cm) con un poco de mantequilla. Espolvoree la levadura sobre la preparación de agua y azúcar y deje que el líquido repose entre 10 y 15 minutos, hasta que esté espumoso. Mezcle la harina, la sal y las especias en un cuenco grande. Añada la mantequilla e incorpórelo todo bien hasta que parezca pan rallado. A continuación, agregue el azúcar moreno y la fruta seca. Haga un hueco en el centro, y vierta la preparación de levadura y el huevo batido. Mézclelo todo bien hasta que se forme una masa y pásela a una superficie de trabajo ligeramente enharinada. Amásela durante 10 minutos, hasta que esté uniforme y elástica. Colóquela en un cuenco grande un poco aceitado y dele vueltas en su interior para que se impregne de aceite. Cubra el cuenco y deje que la masa repose más o menos 1 hora en un lugar templado, hasta que doble su tamaño.

Precaliente el horno a 180 °C. Ponga la masa en una superficie de trabajo ligeramente enharinada y amásela 1 o 2 minutos. Divídala en dos porciones y modélelas de modo que encajen en los moldes. Introduzca los dos moldes en sendas bolsas de plástico ligeramente engrasadas y deje que la masa repose hasta que sobresalga del molde. Retire las bolsas de plástico y hornee los panes entre 50 y 60 minutos, hasta que suenen huecos al golpearlos en la base. Deje que se enfríen sobre una rejilla.

Para 2 hogazas

vánocka (pan de Navidad checo)

véanse variaciones en la página 281

Se trata de un pan blando con un trenzado intricado, generosamente condimentado con jengibre y nuez moscada.

500 g de harina de fuerza blanca
55 g de azúcar
1 cucharadita de sal
1 ½ sobrecitos de levadura seca activa
160 ml de leche entera templada
1 huevo a temperatura ambiente
55 g de mantequilla derretida y enfriada
1 cucharadita de jengibre molido
½ cucharadita de nuez moscada molida

la ralladura de 1 limón y 1 naranja
55 g de almendras blanqueadas y laminadas
55 g de pasas

Para la cobertura
1 yema de huevo batida con 1 cucharada
   de agua
2 cucharadas de almendras fileteadas
azúcar de lustre

Mezcle la harina, el azúcar y la sal en un cuenco grande. Disuelva la levadura en la leche templada y deje que el líquido repose 5 minutos. Haga un hueco en el centro de la preparación de harina y vierta la levadura. Esparza un poco de harina sobre la mezcla de levadura e incorpore bien hasta que obtenga una masa líquida. Deje que repose entre 15 y 20 minutos. Añada el huevo, la mantequilla, el jengibre, la nuez moscada y la ralladura de limón y naranja. Mézclelo todo hasta obtener una masa firme, cúbrala y deje que repose en un lugar templado durante más o menos 1 hora, hasta que doble su tamaño. Pásela a una superficie de trabajo ligeramente enharinada. Aplástela con los puños, agregue las almendras y las pasas, y amásela. Corte la masa en 8 porciones iguales y forme una tira de 45 cm con cada porción. Trence cinco tiras, pellizque los dos extremos de la trenza y colóquela sobre la placa para el horno forrada con papel sulfurizado. Trence las tres tiras restantes y coloque esta segunda trenza sobre el centro de la primera. Con los dedos mojados, presione ligeramente la trenza superior, pellizque los extremos de ambas trenzas para unirlas y dóblelos hacia abajo. Cubra la masa y deje que repose 1 hora. Unte las trenzas con el huevo batido mezclado con agua y esparza las almendras fileteadas. Hornee el pan unos 50 minutos, hasta que se dore. Deje que se enfríe sobre una rejilla y espolvoréelo con azúcar de lustre.

Para 1 hogaza

variaciones

panecillos de Pascua

véase la receta básica en la página 259

panecillos de Pascua con pepitas de chocolate y naranja
Prepare la receta básica, pero sustituya las pasas de Corinto por 100 g de pepitas de chocolate.
Añada 2 cucharaditas de extracto puro de naranja junto con los huevos.

panecillos de Pascua con cerezas y nueces de macadamia
Prepare la receta básica, pero sustituya las pasas de Corinto por cerezas deshidratadas y las sultanas
por 30 g de nueces de macadamia.

panecillos de Pascua con arándanos rojos y chocolate blanco
Prepare la receta básica, pero sustituya las pasas de Corinto por arándanos rojos y las sultanas
por 50 g de pepitas de chocolate blanco.

panecillos de Pascua con albaricoques y almendras
Prepare la receta básica, pero sustituya las pasas de Corinto por orejones de albaricoque troceados
y las sultanas por 40 g de almendras fileteadas.

variaciones

babka de chocolate y nueces

véase la receta básica en la página 260

babka de chocolate y pacanas
Prepare la receta básica, pero sustituya las nueces por pacanas picadas.

babka de chocolate y avellanas
Prepare la receta básica, pero sustituya las nueces por avellanas picadas.

babka de café y nueces con Kahlúa
Prepare la receta básica. Añada al relleno 2 cucharaditas de café instantáneo
mezclado con 2 cucharaditas de agua hirviendo y 1 cucharada de Kahlúa.

variaciones

bolo rei (roscón de Reyes portugués)

véase la receta básica en la página 261

roscón de Reyes

Prepare la receta básica, pero prescinda de 2 de los huevos. Sustituya la harina común por harina de fuerza y la fruta confitada y los frutos secos por 3 cucharadas de cerezas confitadas. Dé forma de roscón a la masa y siga las instrucciones de la receta básica. Omita el glaseado y mezcle 125 g de azúcar de lustre con la leche necesaria para obtener un glaseado denso. Distribuya el glaseado sobre el pan enfriado.

panettone

Prepare la receta básica, pero prescinda de 1 huevo y de los frutos secos. Sustituya la harina común por harina de fuerza. Reduzca las cantidades de fruta confitada y fruta seca a la mitad y añada 1 cucharada de extracto de vainilla y ½ cucharadita de anises. El *panettone* tradicionalmente se prepara en un molde cilíndrico alto. Busque un recipiente cilíndrico con una capacidad aproximada de 500 g para usarlo como molde, como, por ejemplo, un bote metálico para café. Cubra la masa y deje que suba. Hornéelo 30 minutos. Omita el glaseado.

pan griego de Año Nuevo

Prepare la receta básica, pero prescinda de 2 huevos y sustituya la harina común por harina de fuerza. Omita la fruta confitada, la fruta seca y los frutos secos. Tras la primera fermentación de la masa, aplástela con los puños y forme con ella una tira de unos 75 cm. Forme una espiral con la tira de masa sobre una placa para el horno engrasada con mantequilla e introduzca una moneda envuelta en papel de aluminio en la masa. Cubra la masa y deje que fermente de nuevo. Unte el pan con clara de huevo y esparza unos piñones. Espolvoree azúcar y hornéelo 30 minutos. Omita el glaseado.

variaciones

pan dulce de Navidad

véase la receta básica en la página 262

pan dulce de Navidad con arándanos rojos y nueces
Prepare la receta básica, pero sustituya las cerezas y las pacanas por arándanos rojos y nueces picadas.

pan dulce de Navidad con albaricoques y almendras
Prepare la receta básica, pero sustituya las cerezas y las pacanas por orejones de albaricoque troceados y almendras fileteadas.

pan dulce de Navidad con manzana y pasas
Prepare la receta básica, pero sustituya las cerezas y las pacanas por 1 manzana pelada, sin corazón y troceada y 85 g de pasas.

pan dulce de Navidad con pepitas de chocolate
Prepare la receta básica, pero añada 75 g de pepitas de chocolate junto con las cerezas y las pacanas.

variaciones

stollen alemán de mazapán

véase la receta básica en la página 264

corona de mazapán glaseada
Prepare la receta básica. Extienda la masa hasta formar un rectángulo de 50 × 20 cm. Forme un cilindro de 50 cm de largo con 340 g de mazapán. Ponga el rollo de mazapán en el centro de la masa y envuélvalo con ella. Gire la masa y colóquela sobre la placa del horno de modo que el pliegue quede en la parte inferior. Coloque el rollo de masa alrededor de un molde redondo de 12 cm engrasado con mantequilla. Unte los extremos con un poco de huevo batido y pellízquelos para que estén bien sellados. Deje que la masa repose y hornéela como se indica en la receta básica. Glasee la corona con 65 g de azúcar de lustre tamizado mezclado con la cantidad justa de leche para obtener un glaseado líquido. Rocíe el glaseado en zigzag sobre la corona ya enfriada. Decórela con arándanos rojos.

stollen con arándanos rojos
Prepare la receta básica, pero sustituya las pasas de Corinto por arándanos rojos.

ministollen
Prepare la receta básica. Divida la masa y el mazapán en 6 porciones iguales. Extiéndalas hasta obtener rectángulos y forme cilindros de 10 cm con los trozos de mazapán. Coloque el mazapán en el centro de la masa y siga las instrucciones de la receta básica. Hornéelos 25 minutos.

trenza de *stollen*
Prepare la receta básica, pero prescinda del mazapán. Tras la primera fermentación, aplaste la masa con los puños y divídala en 3 porciones iguales. Forme una tira con cada una de ellas, pellizque los extremos para juntarlos, trence las tiras y pellizque los otros extremos. Doble ambas puntas de la trenza hacia abajo. Hornéela como se indica en la receta básica.

jalá

véase la receta básica en la página 265

jalá con pasas glaseado
Prepare la receta básica, pero añada 170 g de pasas y 1 cucharadita de canela a la harina. Flabore el glaseado mezclando 125 g de azúcar de lustre tamizado con la cantidad justa de leche para obtener un glaseado muy espeso. Distribúyalo sobre el *jalá* ya enfriado.

jalá de pepitas de chocolate y plátano
Prepare la receta básica, pero añada 125 g más de harina y 85 g de pepitas de chocolate negro a la harina y 2 plátanos bien maduros aplastados a la masa junto con los huevos y la mantequilla. Si la masa queda demasiado pegajosa, agréguele harina hasta que adquiera la consistencia deseada.

jalá de arándanos y chocolate blanco
Prepare la receta básica, pero incorpore 170 g de arándanos deshidratados y 50 g de pepitas de chocolate blanco a la harina.

jalá de manzana y canela
Prepare la receta básica. Agregue 2 cucharaditas de canela, 1 cucharadita de jengibre molido y 1 manzana pelada, sin corazón y troceada a la harina.

variaciones

bollo danés de Pascua relleno de chocolate y almendras

véase la receta básica en la página 266

bollo danés de Pascua relleno de café y almendras

Prepare la receta básica, pero añada al relleno 2 cucharaditas de café instantáneo mezclado
con la misma cantidad de agua hirviendo.

bollo danés de Pascua relleno de chocolate y naranja

Prepare la receta básica, pero agregue al relleno 2 cucharadas de extracto puro de naranja.

bollo danés de Pascua relleno de chocolate, arándanos rojos y *amaretto*

Prepare la receta básica, pero incorpore al relleno 100 g de arándanos rojos deshidratados
y 2 cucharadas de *amaretto*.

variaciones

pastel de Moravia

véase la receta básica en la página 267

pastel de Moravia relleno de boniato y canela
Prepare la receta básica, pero sustituya las patatas aplastadas por la misma cantidad de puré
de boniato y el azúcar por azúcar moreno. Añada 1 cucharadita de canela.

pastel de Moravia con salsa de caramelo
Prepare la receta básica, pero acompañe con la salsa. Derrita 115 g de mantequilla a fuego lento,
añada 4 cucharadas de jarabe de melaza dorado, 300 g de azúcar moreno, 300 ml de crema de leche
espesa y 2 cucharadas de zumo de limón. Llévelo a ebullición a fuego lento durante 5 minutos,
deje que se enfríe y sírvalo templado.

pastel de Moravia con limón y arándanos
Prepare la receta básica. Añada a la masa 85 g de arándanos secos y la ralladura de 1 limón junto
con la última adición de harina.

pastel de Moravia con crema de fresas
Prepare la receta básica. Caliente 4 cucharadas de confitura de fresas y añada un buen puñado de fresas
sin pedúnculo laminadas. Cuézalas durante 3 minutos, hasta que las fresas empiecen a desmoronarse
y a mezclarse con la confitura. Deje que la preparación se enfríe. Bata 240 ml de crema de leche espesa y
4 cucharadas de azúcar de lustre tamizado en un cuenco mediano e incorpore las fresas a la crema,
removiendo con cuidado. Sirva el pastel acompañado de la crema de fresas.

variaciones

barmbrack irlandés de Halloween

véase la receta básica en la página 268

barmbrack irlandés con jarabe de arce

Prepare la receta básica, pero prescinda de 2 cucharadas de agua templada y añada en su lugar la misma cantidad de jarabe de arce junto con el huevo. Unte el pan templado con un poco de jarabe de arce para glasearlo.

barmbrack irlandés de Halloween con glaseado de naranja

Prepare la receta básica, pero prescinda de 2 cucharadas de agua templada. Agregue la ralladura de 2 naranjas y 2 cucharadas de zumo de naranja fresco con el huevo. Prepare el glaseado calentando 85 g de confitura de naranja y 1 cucharadita de agua a fuego lento hasta que tenga la consistencia adecuada para glasear el pan templado.

barmbrack irlandés sin huevo relleno de plátano

Elabore la receta básica, pero sustituya el huevo por 1 plátano maduro aplastado y 1 cucharadita de linaza remojada en 3 cucharadas de agua caliente durante 5 minutos.

barmbrack irlandés de Halloween sin lactosa

Prepare la receta básica, pero sustituya la mantequilla por margarina.

variaciones

vánocka (pan de Navidad checo)

véase la receta básica en la página 271

vánocka de boniato
Prepare la receta básica, pero añada 125 g más de harina de fuerza, 1 cucharadita más de canela y 100 g de puré de boniato con el huevo. Si la masa queda demasiado pegajosa, incorpore un poco más de harina, hasta que adquiera la consistencia deseada.

vánocka con especias para pastel de calabaza
Prepare la receta básica, pero agregue 2 cucharaditas de especias para pastel de calabaza a la harina.

vánocka de arándanos rojos y pacanas
Prepare la receta básica, pero sustituya las pasas por arándanos rojos deshidratados y las almendras por pacanas picadas.

índice